सोम रस
भीने वचन

बचन शाह

notionpress.com

INDIA · SINGAPORE · MALAYSIA

ISBN 979-8-89186-343-9

(२)

*हन्दी है चमत्कारी,

दिव्य भाव उजियारी,

हर भाषा पर भारी*

 सरल हिन्दी में

बिना मात्रा का दो छन्द देखिये***

*****

बहत पवन सनन सनन, घन गरजत घनन घनन, मन कपत थर थर पल पल।

उपवन वन वन, शबनम परत झरत, बहकत हर नर नभ जल थल पर डर डर चल।

बचन बसन्त लख, मन दरपन छपत सत, अवगत दरसत, जब हटत सब मन मल।

नर तन, सम नयन दरस कर, तन झरत मरत, अन्दर अमरत सर लख, अमर पल।।

बचन

न-मन मनन कर, जतन सघन लगन भर, अन्दर अमरम तत्व लख।

मन मल स्वच्छ कर, भव्य गगन अनन्त घर, सरस रस मन भर चख।।

नश्वर पंच परपंच सब, बदलत पल पल ठहरत न मंज़र शव सम रख।

बचन तनमन सब झरत ततत्वम लक्ष्य अक्षयअनन्त अलख लख।।

बचन

(२)

वेदान्त-उपनिषदीय ज्ञान की झलक की

एक सत्य रचना पढ़ियेगा गौर से****

आनन्द आयेगा आपको****

गौर गौर से देखिये, और और को नहीं कहीं है ठौर।

ठौर ठौर लख गौर से, चितवै सबमें चैतन चितचोर।।१।।

दौर दौर दर दर दर्शन को दौड़त दुर्बल ह्वै दिन-रैन।

स्थिरप्रज्ञ हो देखे नहीं, निजात्मा चेतनसाक्षी त्रिनैंन।।२।।

जग लम्बा सपना सम *बचन* मोहनिशा में सोय।

चैतन्य स्वरूप में जगत न, नश्वर जग में सत खोय।।३।।

मोह तन्द्रा भंग होयगी, बचन औचक आवै जब यम।

तब रो रो पछितायगो, तो भज ले अबहीं गो-विन-दम।।४।।

भज गोविन्दम भज गोविन्दम, गोविन्दम मूढ़मते भज।

वरना यम पाश से न बचेगा, अतः भीतर से सब तज।।५।।

आया है सो जायेगा, यह हैं अज्ञानी जनों की सब बात।

कहीं आना जाना नहीं, चैतन्यप्रकाश साक्षी सदा रहात।।६।।

जीना यहाँ मरना यहाँ, देह के लिये सब जग करै गान।

प्राण देह से जुदा हों, तो संयोग टूटत तन तन्त्र विधान।।७

तुम चैतन्याकाश विराट, सर्वाधिष्ठानवत प्रकाश शेष।

तुम, अजर अमर आत्मप्रकाश सदा अस्तित्व अशेष।।८।।

मोह लगाव आसक्ति के कारण बचन सकल क्लेश।

मोह, न हो तो तुम ही मोहन हो, वँशीधर अखिलेश।।९।।
बचन

(३)

अलमस्त ज़िन्दगी के मुक्तक

मेरी नजर तेरी नजर जब तक है एक नही।

तब तक जीवन में अमन-चैन भी नेक नहीं।।

साक्षीचेतनब्रह्म की नजर से देखो जग को,

कोई ऐसी जगह नहीं जहाँ चेतन रेख नहीं।।

बचन

ये जिन्दगी तो बेशक बेफिक्र सदा हँसीन है।

पर, मोह में फँसी *बचन* तन की मसीन है।।

देहोहम भाव तज कर शिवोहम होके देखो, तो,

फिर यह जिन्दगी चेतन अस्तित्व है, न दीन है।।

बचन

ज़िन्दगी का *जि* जिस्म में जी जान है।

ज़िन्दगी का *न* बड़ा नटखट नादान है।।

ज़िन्दगी का *द* दरिया दिली है *बचन*

ज़िन्दगी का *गी* गीत गजल गान है।।

बचन

(४)

नाम रूप द्वि ईश उपाधि

लोग परेशान हैं, कि मेरा नाम हो जाये, मगर हमें तो लगे, कि,

सब नाम रूप माया का फैलाया ताम झाम है।

जब सब में अद्वैत विराट अनन्त चैतन्याकाश ब्रह्म समाया है,

तो सर्व नाम रूप बचन एकोहमबहुश्याम हैं।।

जबसे ये सृष्टि रची तबसे अगणित बड़े बड़े वैभवशाली वीर हुये

 धरती पर जिनके आज कोई जाने न नाम है।

सब नामो के नामी बहुनामी को याद रखो, जिससे ये जीवन है,

उसके बिना इस भौतिक नाम रूप की शाम है।।

बचन

(५)

सुख-दुख *सोच* से होते हैं

सदविचार है अमृत धारा, सत्संगत महकता सा नन्दन वन है।

जित जित चेतन लहरें उठतीं, उत उत ही शाश्वतजीवन धन है।।

रूप, आकार, दृश्य मिट जाते, तुम दृष्टा कभी न मिटते*बचन*,

व्यापक अनन्त अव्यय है स्वरूप हमारा सच्चिदानन्द घन है।।

बचन

भीतर भीतर गन्ध, मकरन्द, सौन्दर्य का सु-वास।

बाहर प्रस्फुटित सत्य का चांदनी जैसा प्रकाश।।

एक भारतीय संस्कृति का सुन्दर धवल लिवास।

धैर्य-साहस के पँखो से भरती रहो उड़ान आकाश।।

बचन

(६)

विज्ञान और अध्यात्म विज्ञान

दोनों जरूरी

जिस प्रकार तन मन की सुख सुविधाओं रक्षा के लिये जैसे यह विज्ञान सत्य है।

वैसे ही शरीर की जरावस्था के बाद शरीर त्याग , अध्यात्म विज्ञान भी सत्य है।।

पर, बाहर के सब पाखण्ड, प्रपन्च, जप, पूजा के कर्मकांड व्यर्थ दिखावे है *बचन*

शाश्वत आत्म-तत्व सत्य के ज्ञान खोजे बिना मुक्ति, मोक्ष, निर्वाण, चेतना भी सत्य है।।

अध्यात्म विज्ञान न होता तो बुद्ध भी यमपाश रहित सत्य नहीं खोजते।

अत्त दीपो भव आपसे बनने को कभी नही विपश्यना ध्यान सिखावते।।

देह के अलावा भी मेरा शून्याकाश विराट स्वरूप है अविनाशी *बचन*, उसी निजी सार तत्व को समझने जानने के लिये आध्यात्म में डूबते।।

बचन

(७)

जीवन की सच्चाई

सन्तरा बाहर से दिखै गोल एक दम सरल, पर भीतर रखता अनेकों फांके।

ऐसे ही मनुष्य होता सदा बाहर से एक दिखै, भीतर अनगिनती बातें राखे।।

इसलिए एक ही तल पर जीना मानव का हरगिज सम्भव नहीं हो सकता।

एक जगह ही अड़ा अगर, तो धीरे धीरे सड़ा सड़ा सा वासा ही हो सकता।।

पुराने ढर्रा को ढहाए तब ही तो कर सकेगा कोई मानव नव सृजन।

अतः बदलना तो प्रकृति का स्वभाव है यही तो शाश्वत सत्य प्रदर्शन।।

एक ही अवस्था स्थिति से राग-द्वेष ही बन जाता दुखों सुखों का कारण।

राग-द्वेष यदि त्याग दो तब ही हो सकेगा मानव जीवन का तरन-तारन।।

परिवर्तन ही सृष्टि है, यही दृष्टी अपनी सदा हृदय में अटलता से राखौ।

वर्तमान के पल में कर्म सुकर्म कर निज जीवन में सच्चिदानन्द फल चाखौ।।

बचन

(८)

बेवफा औलादों के प्रति

बच्चों की ऐसी तरक्की का क्या होगा?

कि बाप का जीवन भूतनाथ हो जाये।

ऐसी बेवफा औलाद का भी क्या करें?

कि बागवान का तमाशा नजर आये।।

भारतीय संस्कृति का तो जनाजा ही

धीरे धीरे पूर्ण उठता जा रहा है, *बचन*,

पश्चिमी सभ्यता के रंग में रंग रहे सब

पुत्र पुत्रियाँ में सरेआम रंग चढ़ा दिखाये।।

बचन

ये सब दूर के ढोल हैं, जो दूर से बड़े सुहावने लगते हैं।

पर्दे फटने लगते हैं जब कानों के पास आके बजते हैं।।

बुलबुल को गुलशन के गुल दूर से बड़े प्यारे लगते हैं।

आशिकी में उसे, गुल के आस-पास के काँटे चुभते हैं।।

बचन

इसी को कहते हैं कि खून ही खून को हर जगह जमाने में रोकता है।

पट्टी का बहाना है, खून का थक्का जमकर खून बहाना रोकता है।।

चाहे रावण को विभीषण हो, या बाली को सुग्रीव बन जाये "बचन"

बाहरी कंकड़ तो बिगाड़ते न कुछ, जूते भीतरीकंकड़ से पैर दुखताहै।

बचन

सँसार और सत्य

जो भी दिखता है, वह सब इन्द्रधनुषी नजारा सा धीरे धीरे जरूर बदलकर पूर्णत: गायब हो जायेगा एक दिन, क्योंकि वह क्षणिक छाया प्रतिबिंब मात्र है।

मगर, जो देखता है, हर नजारे को उसे देखो समझो गौर को वही साक्षी चेतन सूर्य प्रकाश क्षीर सागर बिंब विराट सर्वाधिष्ठानवत सत्य शिवाकाश यथात्र है।।

बचनशाह

(१०)

सकारात्मक चिन्तन दर्शन

क्या इसे गजल समझा जा सकता है?

*****

ऐटम टूटता है, तो प्रकाश ऊर्जा घनघोर निकलती है,
दिल टूटे तो रोना क्या?अन्दर ऊर्जा निकलनी चाहिये।।

दृश्य प्रपञ्च तो इन चर्मचक्षुओं का भृम भरा धोखा है,
इनमें दृढ़ मोह वृत्ति नहीं दिल में कभी पनपनी चाहिये।।

इक़ क्षण को विचलित हो, राम सी सिया खोजो, वन में,
भीतर अहम्ब्रह्मास्मि सी दृढ़ चित्तवृत्ति रखनी चाहिये।।

मोह न कर मगर सब मोहो की मोहन सी लीला करो,

मुक्त मुस्कान अधरों पे रख, मुरली सी बजनी चाहिये।।

दृश्य मंज़र सब प्रपञ्चु हैं, जो आज हैं, कल नहीं होंगे,

मोहनिशा से जाग, जगत झाँकी स्वप्न समझनी चाहिये।।

बचन निराश उदासी से न भर अपने अन्तःस्थल को,

बाहर भीतर सच्चिदानन्द रस में डुबकी लगनी चाहिये।।

बचन

(११)

भारत वर्ष महान है

भारत भूमि पृथ्वी भूखण्ड पावन सार है।

जिसकी जमीं पर देवता लेते अवतार हैं।।

राम हों या कृष्ण हो या बुद्ध महावीर हों,

प्रगटे भारतभूमि पे, ले विश्वगुरु श्रृंगार है।।

बचन

भारत में काव्य भाव मंज़र गीता ज्ञान सब्र का।

ज़िन्दगी पर पड़ता प्रभाव जबरदस्त जब्र का।।

साहस-धैर्य ही दो पँख होते ज़िन्दगी के *बचन*

उड़े जीव चेतनगगन, तन तो खिलौना कब्र का।।

बचन

(१२)

सत्य सनातन गीत

कब तक भटकेगा, रे मन,

इस नश्वर जग के आडम्बर में।

पग पग पर उलझाते तुझे,

भ्रम के भव जाल बवण्डर में।।

अब वक्त नहीं तुझपे, कब चेतेगा, स्वचेतन घन में।

गो-विन-दम को समझ पगले, दम वही इस तन में।।

वक्त की इक़ ठोकर से,

ढह जाये तन महि-बन्जर में।

कब तक भटकेगा, रे मन,

इस नश्वर जग के आडम्बर में।।१।।

समय रहते समझ ले मन, जो ब्रह्म बसा भीतर-बाहर।

दृश्य प्रपञ्च क्षण क्षण बदले, अटल साक्षी तू है अन्दर।।

अब तो तदाकार हो जा,

उस सत चित जीवन अम्बर में।

कब तक भटकेगा, रे मन,

इस नश्वर जग के आडम्बर में।।२।।

वही अमृत घट मुण्ड मठ में, तदात्म्यता से जी ले रे।

वरना रोओगे अंतिम पल में, जब यम पाश तुझे आ घेरे।।

अभी अवसर तेरे हाँथों में,

जब तक सांसे चलें तन पिंजर में।

कब तक भटकेगा, रे मन,

इस नश्वर जग के आडम्बर में।।३।

धर ध्यान निर्गुन रूप ब्रह्म का, उसी से चिन्मय हो जा।

तू वो चैतन्याकाशवत साक्षी है, विराट प्रकाश अम्बर हो जा।।

बचन तमसो मा ज्योतिर्गमय,

रम जा प्रकाश अमरम घर में।।४।

बचन

(१३)

शाश्वत सत्य और बदलती मानवता

जो हर लहर के प्रति सम अन्दर से जग में सदा सदा रहे, सोई धीरे धीरे
होता समन्दर जैसा ही शून्याकाशी रूप।

हानि-लाभ, जय-पराजय, राग-द्वेष, जन्म-मरण, सबमें सम्यक दृष्टि रखे
सोई शाश्वत सत्य साक्षी चेतन स्वरूप।।

फिर रोज गिरे हजारों विजलियाँ या भीतर से ज्वालामुखी फटें नित्य,
जो डरता नहीं किसी आँधी-तूफान से*बचन*,

उसे परेशानी कभी छू सकती नहीं, सूर्य जला न सके, हवा सुखा न
सके, पानी गला न सके, वो चेतनात्मा तदरूप।।

बचन

अब कहीं कोई विशेष वाद नहीं दिखता लगता, सब वर्ण शंकर जैसा सर्वत्र फैल गया है।

पचासों साल से सँस्कार खो इधर से उधर, उधर से इधर हो रहा है विचित्र चरित्र आ गया है।।

वर्णशंकर सामाजिक परिस्थितियों में ही महाभारत महायद्ध कगार पर दिख रहा है *बचन*,

अब चारों तरफ स्वार्थवाद ही बढ़ गया, हर जाति में स्वार्थ का घनघोर नशा ही चढ़ गया है।।

बचन

(२४)

हर तत्व के गुण धर्म भिन्न भिन्न होते।

जैसे तत्त्वों हम आहार करते वैसे होते।।

*****

सत्ता शक्ति सम्पन्न जो हो जात है, मनमानी मचा के करता लूट।

जरूरत से ज्यादा प्रकृति विरुद्ध है "बचन"सब यही जाता छूट।।

हिटलर-सिकन्दर जैसे भी दुनियाँ से रुखसत हो गए हाथ पसार।

कोई घमण्ड करे किस बात का दिन दस कौ यहां जग व्यवहार।।

बचन

कहाँ चक्कर में पड़े, कोई साथ न किसी का देवनहार।

अन्त काल जब आएगा, झूँठा होता सब जग व्यवहार।।

झूंठे रिश्ते जगत के प्रपंची जग में यह कोऊ काहू को नाय।

घर की नारी को कहे, तन की नारी (नाड़ी)) सदा चलती नाय।।

जबतक जीवनबाकी है तेरा, तन-मन से करले सतधन की खोज।

निज अविनाशी ब्रह्म स्वरूप पहचान ले, वरना मारेगा यम इक़ रोज।।

बचन

सुगन्ध सुमन सींचै सदा, पल पल शूलों के भी रह साथ।

ऐसे ही भला भलाई ही करै, नीचता सदा नीच के साथ।।

अपना अपना स्वभाव बन जात है,

दाता दे देकर दाता ही रहे,

रंक माँग माँग कर रहता रंक।

साधु सदा हित परमारथ कर दूजों को रक्षित करे,

पर सर्प मारे विष दन्त,

विच्छू सदा मारते रहते डंक।।

बचन

(२५)

संगठन की व्यापकता

कोई भी सामाजिक संगठन होता जरूरी है बहुत परमार्थकारी बात।

संगठन के माध्यम से एक दूसरे के दुख-दर्द परस्पर समझ में आत।।

ऐसे प्रयत्नों से ही बचन सामाजिक प्रगति में गति होवै विकासशील।

यही निष्काम भावना कर्म है कृष्ण जैसा *तज स्वारथ, समाज दर्द हो फील*।।

कहते हैं, कि अपने पेट तो भर लेते है कूकर शूकर पशु गन भी।

खुद भी मजबूत पहले रहे फिर सोच सकै औरों का पालन भी।।

यही निष्काम भाव कर्म ही पल पल का पूजामयी जीवन कर्म बन जाता है।

धीरे धीरे ऐसा मनुष्य ही हरि रूप विराट दिव्य अमृत चेतनब्रह्म को पाता है।।

बचन

घमण्ड अहंकार किस बात का ये हमारा शरीर भी तो सदा रहता हमारा नहीं है।

मेरा मेरा क्या करे, सब तन छोड़ें सब यहां किसी का सहारा नहीं, कोई चारा नहीं है।।

उतना ही संग राखिये जितने से घर व अथिति का हो सके पालन पोषण, "बचन",

जाके मन अस सन्तोष है, उससे जुदा कभी होता सत चेतन ब्रह्म प्यारा नहीं।।

बचन

(२६)

सत्य का ज्ञान ही मृत्युन्जय

एकदम सच्ची बात है, इस ज़िन्दगी की कहीं से भी हो सकती कर्म शुरुआत।

सदा अपने आत्म ज्ञान को आत्मविश्वास बनाओ, फिर जग में ही जगदीश दिखात।।

तब लगने यही लगता है कि सब में ही एकाआत्मा मैं ही मैं विभु विचित्र।

यही से उपजती है बसुधैवकुटुम्बकम भावना यत्र तत्र मित्र चित्र सर्वत्र।।

तब भगवान कहीं दूर नहीं रहता सा लगता, अपना ही आत्मा हो जाता आत्मविश्वास अटूट।

ऐसा मनुष्य कभी टूटे नह, चाहे आँधी तूफान बिजिलियाँ गिरे, होता ब्रह्म ब्रह्मांडीय बल आकूत।।

बचन

(१७)

मनुष्यों के प्रकार

"बचन" प्राय: करोड़ों में कोई दो चार मनुष्य ऐसे होते हैं।

जो कुदरती विवेकी स्वाध्यायी बुद्धिमान ही पैदा होते हैं।।

कुछ लोग बुजुर्गों की मान कर मुसीबतों से बच जाते हैं।

पर, अधिकतर ठोकर खाकर के ही सुधरते व सम्हलते हैं।।

परन्तु कुछ ऐसे महामूर्खाधिराज पामर जन होते हैं "बचन",

जो ठोकर से भी न सुधरते, वह ही नरपशु जैसे कहलाते हैं।।

बचनशाह

(१८)

खुद को जानो

दृश्य जगत सब नयनन का धोखा है।

देखो देखने वाले को भीतर चोखा है।।

चिदाकाश माकाश शिवाकाशवत एक,

अद्वैतचेतनाकाश ब्रह्माकाश अनदेखा है।

देख समझ उसे मेरे प्रिय मन बाबरे तू,

बाहर भीतर विराट चैतन्यप्रकाश लेखा है।।

दृश्य प्रपन्च देह उम्र भर का स्वप्र सा,

बचन साक्षीचेतन स्वरूप अनोखा है।।

बचनशाह

(११)

अडिग जीवन

हवाओं का गुजरना होता रहता अँधेरों और उजालों दोनों के मैदाने आँगन से सदा सदा।

ये हवाएँ पहचानतीं हैं, घनघोर अँधेरों की मुक्त गगन में मजबूत क्रूरता जालिम हरकतें अदा।।

हवा, तो दीपक का जोर आजमा कर जलते रहने का रियाज अभ्यास करातीं हैं *बचन*,

हवाएँ दुश्मनी नहीं वरन जलते दीयों की परीक्षाएँ लेकर बढ़ातीं जलने की शक्ति सर्वदा।।

बचनशाह

जब दर्द, दर्द की हर हद से गुजर जाता है।

दर्द ही दर्द की दवा की सरहद हो जाता है।।

तुम दीया बनकर जलते रहो जग में, *बचन*

दुनियाँ में रोशनाई का नजारा जद हो जाता है।।

बचनशाह

(२०)

निन्दा-प्रशंसा में सम रहो

निंदा-स्तुति से कभी विचलित न हों रचो सच खास।

कविता लिखो ऐसी जिससे स्व हृदय की बुझे प्यास।।

कोई हमें अच्छा कहैं, या कहै कविता सब बकवास।

लोगों के कारण निज पथ मत विचलित कीजै आप।।

किसी के अच्छा बुरा कहने से गर राहें बदलें हम।

कठपुतली बन जायेंगे, रिमोट बनें कम्मेंट की दम।।

खुद को अच्छा सच्चा लगे, वही सत्य लिखो निर्द्वन्द्व।

अपनी ही नजरों में हम न गिरें, ऐसे रचो रस छन्द।।

यहाँ कविता सुनाने को लिखते सब कविता बाज।

बचन जाको पाठक प्रतीक्षा करै सोई कविराज।।

बचन

(२१)

आत्मा जीवात्मा का अंतर

उपनिषद से***

*****

द्वा सुपर्णा सयुजा सखाया समानं वृक्षं परिषस्वजाते।

तयोरन्यः पिप्पलं स्वाद्त्त्यनश्रन्नन्यो अभिचाकशीति।।

भावार्थ--

दो सुन्दर पंखों वाले पक्षी, जो साथ-साथ रहने वाले तथा परस्पर सखा हैं, समान वृक्ष पर ही आकर रहते हैं; उनमें से एक उस वृक्ष के स्वादिष्ट फलों को खाता है, दूसरा खाता नहीं है, केवल देखता है।

मेरी समझे भाव से*****

*****

एक पँछी चँचल *मन*।

दूसरा पँछी साक्षीचेतन।।

एक जीव है चिदाभास।

दूसरा साक्षी चिदाकाश।।

एकपँछी हिलता प्रतिबिंब।

दूसरा कूटस्थ चेतन बिम्ब।।

इक़ मायिक पञ्चु का प्रपञ्चु।

दूसरा है विराट अक्षय अनन्त।।

बचन

(२२)

सत्य जाने बिन मुक्त नहीं

सत्य स्व जानना बाकी जब तक, दिल में नही बे-बाकी है।

तब तक जीवन में मौत का डर अगर मगर सब बाकी है।।

जान जान लिया भीतर के जी जान चैतन्यनूर को, *बचन*

फिर अचाह हो सिर्फ निष्काम किरदार निभाना बाकी है।।

बचन

जब तक देहोहम भाव ही रहेगा, मौत का साया छाया रहेगा।

सच्चिदानन्दरस में बूड़ जा, होके मृत्युंजय अमृत तू पियेगा।।

चिदाभास प्रतिबिम्ब जीव *बचन* जो अज्ञान में सोया रहेगा।

प्रतिबिंब को शिवाकाश बिंब से अद्वैत कर सत्य खिलेगा।।

बचन

(२३)

भारत का भक्ति-ज्ञान

पत्थर तैराये कवि भालू ने, ले ले के राम नाम।

राम ने राम लिख छोड़ा, तो डूबा पाहन ठाम।।

कहे हँस कपीश, प्रभु जो आप के कर ते छुट जाय।

भवसागर में वो भला किस प्रकार तरे व तैर सकाय??

तब ते गाथा सच हुई, राम से बड़ा राम का नाम।

राम नाम जप बाबरे, पाये बैकुण्ठ अमृत धाम।।

और कोई चारा नहीं नश्वर जग की छूटे हर चीज।

राम नाम मनवा भजो, या रीझरीझ या खीजखीज।।

भारत भा-रत युग युग से, *बचन* ब्रह्म रस खान।

ब्रह्माण्ड कुटुम्बकम सोच को क्या समझे नादान??

बचन

(२४)

आत्मविस्वासी बनो

कोई क्या समझता है, ये न समझ, *बचन*

समझ ये कि क्या तू रहमोकर्म समझता है??

समझ समझ के समझ अद्वैत चेतननूर, को

दुई के द्वन्द में दफन दुनियाँ धरम समझता है??

बचन

यह धरती अम्बर में है, अम्बर भी धरती में है।

ज्यूँ बाहर भीतर *रस मिठास* इमरती में है।।

यूँ ही इक़ चेतनब्रह्म साक्षी हरइक कृति में है।

रामसियमय सब जग *बचन* राम, रती में है।।

बचन

(२५)

मान-अपमान में सम रहो

बात तो देखने में यही लगती है।

दुनियाँ अदावट पाहन पूजती है।।

पर मान भी महा माया है बचन

ये चाह ऋषि मुनियों को ठगती है।।

जो चेतन जमीर में जागा, वही पूर्णसाक्षी होश में जागा है।

निज मस्ती में अनुरागा, दूर उससे माया प्रपञ्जु भागा है।।

अपनी नजर में गिरता नहीं, सतस्वरूप मस्ती में पागा है।

मान-अपमान समान हो जाते उसे, विराटब्रह्मता में जागा है।।

कभी महात्मा गाँधी का लोग बड़ा मान करते थे।

आजकल गाली गलौज अपमान तान मारते हैं।।

लोगो से मान पाने की कामना प्रायः करते वही,

जो खुद की नजर में खुद को बेईमान जानते हैं।।

बचन

(२६)

आत्म विश्वासी जियो

निर्भर तो सदा एक पर ही रहा जाता है, पर वह अपनीअन्तरात्मा है।

दुनियाँ चाहे साथ रहे न रहे, पर सदा जीवन दाता वही चेतनात्मा है।।

वही भीतर भीतर सबके दिलों में प्रेम भरती सकल सँसार में *बचन

जग सुख सिर्फ मोहजाल हैं, आनन्द वही हरि हरदिल में चेतनात्मा है।

अपना जो रूठे तो कोशिश कर मना लेना चाहिए।

अपने प्रेमी के लिए कुछ त्याग भी करना चाहिए।।

किसी भी तरह समायोजन करके चलता ये जीवन,

सुकर्म में सम्पूर्ण आत्मविश्वास लगा देना चाहिए।।

पर अपना आत्मविश्वास कभी खोना नहीं चाहिए।

आत्म विवेक ही जीवन खुशहाली बनाना चाहिए।।

बचन

(२७)

दृश्य भ्रम है, तुम ही साक्षीसत्य है

पैकिंग देख सब लुभा रहे, अन्दर क्या है माल।

धोखे खाते लोग सब, परख सकें नहीं तत्काल।।

गाय की खाल में छिपी, सिंहनी सब वर लावैं।

सिर पर सदा दहाड़ती, सिर धुन धुन पछतावैं।।

होता तो कुछ और हैं, लगता है कुछ और।

दिखता कुछ और, धैर्य से करे न कोई गौर।।

तभी बचन कह दिया है, दृश्य जगत प्रपन्च।

प्रकाश का सब खेल, ताकौ सतरंगी है दंशा।।

नैनन का धोखा सा लगे, बचन यह सँसार।

देखत देखत हिराय सब, बदलत लगे न बार।।

होशं पूर्वक जागृत सत्य में रह जीना है जीवन।

वरना धोखे धोखे में ही बचन, छूट जायेगा तन।।

बचनशाह

(२८)

साधना के सूत्र

जब तक मैं , तू और तू मैं एक नहीं हो जाता।

तब तक सच मानो बचन प्यार में सुकूँ न आता।।

प्यार ही तो वह क्षेत्र है जामें दो नहीं कभी समाते।

जब दो रहेंगे तो होगा ही *तू-तू - मैं-मैं* का नाता।।

मैं अलग अहम, तू अलग अहम, तो अहमवृत्ति टकराती हैं।

जैसे सागर में अलग अलग लहरें एक दूजे पर नजराती हैं।।

अगर लहरें ये समझें हम-सब लहरों में सिन्धु जल ही तो है,

फिर टकराव वृत्ति मिट कर अठखेलियाँ जैसी बन जातीं हैं।।

बचनशाह

(२९)

सत्य की झाँकी

जब भी ज़िन्दगी की ज़िन्दगी से मुलाकात होगी।

इक़ मौन की निःशब्दता छायेगी कोई बात न होगी।।

भूगोल-खगोल ब्रह्माण्ड सब एक नजरायेंगे *बचन*

अनिर्वचनीय सी अद्वैतचेतनाकाश की सौगात होगी।।

बचनशाह

उसे याद करने से अन्त कभी आता ही नहीं, क्योंकि वह अक्षर अव्यय अनाम अनादि अनन्त है।

जिसने अनन्त को मन की अनन्यता से याद किया वह भी हो जाता परमपूर्णता प्राप्त अनन्त है।।

रोम रोम रम गया जिसका उस अनन्त श्यामाकाश में, फिर उसे एकोहमबहुश्याम समझ आ जाता *बचन*,

अनन्त प्रेमी का दिल ही सन्त है, महन्त है, सच्चिदानन्दरसमय अद्वैतचेतनाकाश पन्थ है।।

बचन

(३०)

सच्चा प्यार

एक समन्दर होता है,

लब्ज क्या,

सिमट सकता नही किताबों में।

सारा अनुभव कोई लिख नही सकता

जो कुछ भी दिखता है

ख्वाबों में।।

कुछ न कुछ तो इस अनुभव का रह ही जाता है

जिसके लिए लब्ज नहीं,

वही खास होता है,

जो बयाँ नही हो पाता,

जैसे खुशबू

छिपी गुलाबों में।।

जिसे सिर्फ

महसूस या अनुभव

ही किया जा सकता है।।

बचन

(३१)

हक़ीक़त

स्वयं को शरीर समझना ही सब पापों का बाप है।

शरीर भाव में जीना ही मौत है, घोर दुख है ताप है।।

देह तो महज एक चेतन समुद्र का झाग है "बचन",

सत्य तो अमृत चेतनब्रह्म व्यापक अनन्त बे-नाप है।।

बचन

सदा सत्यम शिवम सुन्दरम।

सत्य ही शिव उसी में रम-रम।

शिव ही सुन्दर है वही है दम।

उसे समझ जान मिटे सब गम।।

बचन

जीवन की

यही हकीकत है

सच्चाई है।

कि

दुनियां में मृग मरीचिका छाई है।

मैं, मेरा, तू, तेरा, क्या माया रचाई है।।

जग कोरा भ्रमजाल है,

एक कुंआ है,

गहरी खाई है।।

जीते जी खुद के शाश्वत स्वरूप को जान ले,

फिर जग मेला देख,

सिर्फ लीला जैसे अपने कर्म करो,

जिंदगी का यही फलसफा ही सच्चाई है।

बचन

(३२)

सत्य *मैं* की व्यापकता समझना

दर्पण का उपयोग सिर्फ किसी आकृति को प्रतिबिम्बित करना ही नहीं है, वल्कि सत्य का आभास बनाता है।

वरन, दर्पण तो चैतन्य प्रकाश से तदाकार होकर रिफ्लेक्ट करके दूसरों को भी आलोकित कर सकता है।।

जैसे सूर्य प्रकाश जलाने की शक्ति रखता है, कागज को तो पारदर्शी उत्तल लेन्स भी घनीभूत हो जला देता है।

इसी प्रकार ये मन दर्पण भी निर्मल पारदर्शी बन कर सत चेतन आनन्द की शाश्वता के रहस्य को उदघाटित कर देता है।।

बचन

दिल निर्मल निश्छल निर्विकार सरल सत्य हो।

उसमें ही शाश्वत का प्राकट्य है सच कथ्य हो।।

गाँव सदृश तपोवन में सब हिल मिल खाते पीते

सब बड़े प्रेम से एकता भाव मे रहते "बचन",

हवस नहीं पैसे की, जरूरतें तृप्त, तो मस्त व्यस्त

स्वस्थ गृहस्थ प्रशस्त उत्कृष्ट जीवन्त शिष्ट हो।।

परस्पर प्रेम से सब एक भाव में जीते नित्य हो।

कुछ अपना न मानते या फिर ब्रह्माण्ड भी अपना है,

ऐसी अटल अमिट अमृत अमीरी ही सत्य हो।।

बचन

(३३)

अति कामना से बचो

कामना की कामना तो कामना काम तृप्ति न पाय।

कामना में जीवन सत्य चेतन सुकून अमन हिराय।।

कामना ऐती कीजिये, दैहिक जीवन परिवार पलाय।

अति कामना में भलाई नहीं, जोड़ मरै भोग न पाय।।

कामना डायन अघोर है, नश्वर जाल फन्द फँसाय।

बचन सच्चिदानन्द ते दूर करै जीवन देय नसाय।।

कामना काल की क्रूर कामिनी करै क्लेश कष्ट।

नीच नाच नचा नचा नागिन निर्मलता नाशै नष्ट।।

लोभ लालच लालसा ललक लिप्तता ललचाय।

कामना काम काम कसाय के क्रूर कर्म करवाय।

कामना जाल दुष्पूर है, मन को फँस फँस अरुझाय।

बचन अमन चैन सुकून में, विविधि विधि विधाय।।

किलकिलाती कराल कामना कराती क्रूर कृतत्व।

कामना कंचन, काल का कौर करै भुला कृष्णत्व।।

साधु सँग सतसंग से समझिए सत्य चित आनन्द।

बिन सत्संग भजन सुमिरन मिटै न काल के दुन्द्व।।

कामना में मन सदा न रमा, यह बैरिन नहीं अघाय।

अचाह निष्काम ह्वै के देख जरा, हिया ब्रह्म प्रगटाय।।

बहुकाल करिये सत्संग ते, हटें कामना भ्रम समुदाय।

कामना तज, हरि भजो नही दूजा कोई और उपाय।।

बचन

(३४)

सामंजस्य ही जीवन का दूसरा नाम है

पत्नी अगर अन्धी हो,

यानी देख कर भी अनदेखा कर दे।

और पति अगर बहरा हो

यानी सुनकर भी अनसुना कर दे।।

तो केवल इसी स्थिति में ही

कभी उनका

गृहयुद्ध यानि कहा-सुनी

नही होगा।

वरना देख कर कहेगी पत्नी कुछ,

और सुनकर पति बोलेगा कुछ न कुछ तो

यही वैचारिक मतभेद जरूर होगा।।

और वैचारिक थोड़ा सा सबका रहता है।

जीवन दोनो के सामंजस्य से ही चलता है।

क्योंकि दो अलग अलग परिवारों में जन्मने से

दोनों को अलग अलग सँस्कार मिले होते हैं।

पति-पत्नी रेल की दो पटरियों की भाँति ही होते हैं।

जो दूर तक देखने पर मिलती सी दिखती तो हैं

मगर मिलके कभी नही एक होती हैं।

फिर भी दोनो पटरियां यदि समान्तर भी रहती हैं

तो जिंदगी की गाड़ी सीधी चलती है।

पर जब दोनों पटरियां एक दूजे से अलग अलग चलें

या एक दूसरे को काटे

 तो

एक्सीडेंट होकर

जिंदगी की ट्रेन पटरी से उतरा करती है।।

और जीवन दुख भरा लगता है।

यदि एक साथ बराबर से

ताल में ताल मिलाकर चलती है

दोनो पटरियां तो जिंदगी की गाड़ी

सुचारू रूप से मंजिल तक

आनन्दपूर्वक

पहुंच जाती हैं।

बचन शाह

सच्ची नजर

जाति केवल दो हैं।

एक--*अमीर*

किसी भी जाति का अमीर हो

किसी भी जाति केअमीर की तरफ ही भागेगा

 अपनी अमीरी और ज्यादा बढ़ाने के लिए।

दूसरी--*गरीब*

गरीब ही गरीब के ज्यादातर काम आता है।

अमीर अगर कभी काम भी आता है तो

उसमें उसकी मदद कम और

 स्वार्थ ज्यादा होता है।

और

धर्म केवल

*प्रेम *

*रामहिं केवल प्रेम प्यारा।

जान लेहु जो जननहारा।।*

है

जो न केवल

मानव से करो बल्कि

पशु, पँच्छी, पेड़-पौधों

सभी के जीवन से

 करना चाहिए ।।

बचन शाह

(३६)

मुक्त जीवन जियो

कोई आगे पीछे नहीं सबकी गति हो रही बरतुलाकार।
क्योंकि धरती गोल है तो सबका पथ भी गोलाकार।।

गोल गोल धूमने में आगा पीछा कैसे निश्चित होय।
देखन हार भ्रम में जिये, पल पल सुख दुख में रोय।।

सिर्फ एक चैतन्याकाश में उड़ते सभी जीवन्त पखेरू।
चैतन्य ऊर्जा एक ही सबमें बहै उसी में करत बसेरु।।

इसके अलावा दृश्य जगत मिथ्या धोखा जैसा दिखता।
तुम दृष्टा-साक्षी बन मेला देख लो, खेलै जो सब चैतन्यता।।

इसके अलावा किसी को भी आप अपना लोगे मान।
अन्त काल सब छूट जाएगा जब उसी लीन होंगे प्रान।।

बचन

(३७)

बुद्धत्व सार तत्व

बुद्ध का मज्झिम निकाय मान कर जीने की सीख भी अच्छी बात है
आदमी *न ज्यादा अच्छाई, न ज्यादा बुराई* कर सके।

अत्त दीपो भव वीणा के तार इतने न कसो कि टूट जाये, और न
इतने ढीले ही छोड़िये कि कोई संगीत ही न निकल सके।।

यह भी जीवन जीने का बहुत सुन्दर सूत्र महात्मा बुद्ध ने समस्त
मानवता को दिया है पूरे सँसार में *बचन*,

नकारा ईश्वर को भी इसलिये, सिर्फ शून्याकाश चेतनाकाश का
सिद्धांत दिया सबको उचित ही, ताकि भ्रम में न फँस सके।

क्योंकि आत्मा-परमात्मा के चक्कर में आदमी शरीर का ध्यान न भूल,
शरीर को कर्म में बेहतरीन ढंग से प्रवृत्त न कर सके।।

बचन

(३८)

सत्य दृष्टि

जो जीवन की हक़ीक़त समझ कर प्यार करते हैं।

वो जीवन के हर पल पल में सदा प्यार ही भरते हैं।।

जिन्हें सत्य *चेतनाकाश* ही नहीं मालूम है *बचन*,

वो वासना जाल में शाश्वत सच्चिदानन्द को खोते हैं।।

बचन

खुद को गर आईना बना लो, तो एक ही आईने के सब टुकड़े ही बिखरे दिखते हैं।

सबमें से एक ही चैतन्यता के सूर्य का ही प्रकाश रिफ्लेक्ट होकर जीव लगते हैं।।

तुम भी कभी कभी आईना बनकर देखो तुम्हें सब आईने ही आईने मिलेंगे*बचन*

जो खुद के मन की तरंगों को अद्वैत नहीं देख पाता, उसे सब परिच्छिन्न से लगते हैं।

बचन

तुम सूरज जैसा तप कर जल कर भी सबको प्रकाशित करके जीना सीख लो।

तुम्हारे कर्मों की किरणें स्वयँ सतरँगी बन जाएगी, निष्काम कर्म करना सीख लो।

सर्वत्र जीवन आपका व्यापक चेतनाकाश असितत्व बन जायेगा जगत में *बचन*,

कोई ख़्वाहिश न शेष बचेगी ज़िन्दगी में, जग को दृश्य खुद को दृष्टा बनाना सीख लो।।

बचन

(३९)

प्रकृति श्रेष्ठ शिक्षक है

प्रकृति भी सुन्दर से सुन्दर रूप के संग संग विकृत रूप के उदाहरण भी बनाती है।

वह इस तरीकों से भी लोगो को धैर्य न खोकर दृढ़ता से जीवन जीना सिखाती है।।

आठ जगह से टेढ़े मेढ़े शरीर वाले ब्रह्मऋषि सन्त अष्टावक्र बन कर भी *बचन*,

जनक जैसे राजा को निज आत्मज्ञान से विदेह राज होने की चित्तवृत्ति बन जाती हैं।।

बचन

करोड़ों प्राचीन पूर्व के सभी राजा जो लाखों हुये, क्या वो बिखर नहीं गये?

विकराल जीव डायनासोर भी क्या धरती पर जन्म लेके विलुप्त हो नहीं गये??

सदा कोई नहीं रह सकता सशरीर इस धरती पर, सबको मरना पड़ता है *बचन*,

फिर औरत के इशारों को ही क्यों दोष देकर बताते हो, बिखरने का कारण, ?

क्या जहाँ पुरुषों की हुकूमत थी वो भी सदा जीवित रह गये??

बचन

(४०)

साक्षी दृष्टा हो जियो

अँधेरे का कोई असितत्व होता ही नहीं, सिर्फ प्रकाश का अभाव है।

विस्तृतनभ के सामने हर किसी के तन मन धन सबका छुद्र प्रभाव है।

जो खुद ही अपने मुँह मियाँ मिट्टू बन कर बड़ा बनता है *बचन*

वो कौवे की काँव, छिद्रयुक्त नाव, आपदा का गाँव, बैचैनी की छाँव है।।

बचन

ज्ञान जान अनजान बनने में भी सामने वाले के जानने को जान लेते हैं।

अनजान होकर भी सर्वज्ञजानकार जाहिर करने को अहँकार ज्ञान कहते हैं।।

अगर तुम्हें सबके मन जानने की शक्ति प्रभु वरदान में दे भी दें *बचन*,

तो दुखी होकर, लड़ते ही फिरोगे, अक्सर लोग मन ही मन में गालियां भी देते हैं।।

बचन

(४१)

जागरूकता से हर कर्म करें

ऊपर वाला हिसाब करता है या नहीं करता ये बात तो मानो गौड़ है।

बुरा कर कर के बुरा करने वाला खुद ही लेता खुद की कमर तोड़ है।।

जो दुख दर्द चरस बोता है दूसरों की मासूम जिन्दगी में सदा *बचन*,

वह हमेशा ही पिसता वहाँ, जहाँ बेचैनी की होड़, जोड़ तोड़ दौड़ है।।

बचन

अरे भाई खुश रहना कौन नहीं चाहता है?मगर झूठ-मूठ जबरदस्ती खुश कैसे रहे?

जब अन्दर दर्द का समन्दर उमड़ रहा हो, तो आनन्द की सबर-मस्ती कैसे भरें??

जब तक सत्य शाश्वत चेतनाकाश की मस्ती भीतर से रिसती-झरती नहीं *बचन*,

तब तक झूठी हँसी-खुशी दिखाकर दूसरों के साथ साथ खुद से भी धोखा न करें।।

बचन

(४२)

शाश्वत तत्व पहचानो*

तन को जानो खुद के असली स्वरूप को चेतन सूर्य ज्योति की जलती हुई दियाली है।

वरना जिस तन अहम की नाव में बैठे हो सच मानो बचन वो डूबने वाली है।।

चिदाकाश जीव प्रतिबिम्ब है सत्य चित आनन्द बिंब का ही, निश्चय कर समझो,

चिदाकाश माकाश शिवाकाश अद्वैतचेतनाकाश ब्रह्म शाश्वत साक्षी सत्ता आली है।।

बचनशाह

कुछ लगता है, कुछ दिखता है पे होता कुछ और है।

कर्म प्रकृति त्रिगुण करें, अदमो निज अहम में बोर है।।

निष्काम निमित्रमात्र बन कर्म करने में सच्चिदानन्द है,

*बचन*लीलावत जियो, मोह ही दुखों का घोर दौर है।।

सब जानते हैं, कि एक दिन निश्चित आखिर में सब छूट जाता है।

खास से खास अटूट रिश्ता खून का भी अन्तकाले टूट जाता है।

बर्खास्ती से तो बेहतर है कि स्तीफा अन्दर से दिए रहो *बचन*,

कर्म राम कृष्ण बुद्ध की तरह लीला हों, सत्यांकुर फूट आता है।।

बचनशाह

(४३)

उम्मीद ठीक अतिउम्मीद गलत

उम्मीद ही जीवन है, भली बात सत्य सब प्रकार।

पर, उम्मीदें ख़ामोख़्वाह की, करना भी है बेकार।।

सार्थक उम्मीद जगत में सत्य जीवन की खोज।

देह रहते खिलाओ, सच्चिदानन्द जीवन सरोज।।

बचनशाह

उम्र पञ्चभौतिक तत्वीय परिवर्तनशील देह की होती है।

जिनकी संग्रहीत होकर फिर विखरने की आदत होती है।।

चिदाकाश दिल श्याम-प्रकाश प्रतिबिंम्ब होता है *बचन*

चिदाकाश जीव साक्षी चेतन सूर्य बिंम्ब आकृति होती है।।

प्रतिबिंम्ब बिम्ब से अद्वैतचेतनाकाश शिवाकाश ही होता है।

देह इन्द्रियाँ मन बूद्धि अहम सब साक्षी से ही रोशन होता है।।

वास्तविक स्वरूप साक्षीचेतन स्वयँ का पहचाने बिना, ये जीव

बचन देहात्मभाव में अपनी विराटता खोकर मरता रोता है।।

बचनशाह

(४४)

मिथ्यात्व भ्रम में मत जियो

खोखली झूठी नश्वर हँसी ही भटकाती यहाँ वहाँ सारा जहाँ।

सच्चिदानन्द हँसी भीतर चेतनसाक्षीकृष्ण की वँशी बजे वहाँ।।

मगर भटकने वालों को तृप्ति नहीं होती सहज मिले प्रसाद से,

झूठी हँसी हँस बटोरता छूटने वाली वस्तुएँ, जो छूटजातीं यहाँ।।

बचन

जरूरत से अधिक करोड़ों से भी तो मन खुश नहीं होता, क्योकि इससे

ज्यादा बहुत जनों के पास है फिर भी उदास हैं।

शिवोहम भाव धारण कर अन्दर से सम्पूर्ण ब्रह्माण्ड कृष्ण सा

मुँह में समझो देखो तभी बुझती मन की प्यास है।।

जग की नश्वर छूट जाने वाली चीजों से तो हिटलर सिकन्दर भी पूर्ण सन्तुष्ट जीवन न जी सके गये जग से उदास है।

सन्तों की वाणी याद रखो *सहज मिले सो दूध सम पोष्टिकहोता खींचतान से जोड़ना बढ़ा रक्तचाप जीवन करे हताश है।।

बचन

(४५)

हिन्दी दिवस की सच्चाई

हम हिन्दी क्षेत्र में जन्मे तो हमे हिन्दी से हृदय से गहरा प्रेम है।

लेकिन हमारे सभी अहिन्दीभाषी भाइयों के भावों से भी प्रेम है।

यही होता रहा है, यही हो रहा है, यही आगे भी होने वाला है।

चन्द कवि लेखकों को छोड़ सब गटकें अंग्रेजी का प्याला हैं।।

कहैं हिन्दी का मान करो, निजबच्चे पढावें अंग्रेजी स्कूलों में,

सब भाषाओं को मान दिये बिन विकास नहीं होने वाला है।।

हिन्दी दिवस पर आज हम सब हिन्दी हिन्दी में हिन्दीया जायेंगे।

कल से फिर अंग्रेजीके ही नशे की चकाचौंध में चौंधिया जांयेंगे।

बड़े स्वार्थी हैं हम सब भी, कहते कुछ करते कुछ औरही जायेंगे।

खोजे वैज्ञानिक करैं अंग्रेजी में हिन्दी में कर पढ पीछे हो जायेंगे।

भाषा कोई भी हो, हृदय भाव व्यक्त करने का महज माध्यम है।

अहिन्दी भाषी के हिय भाव क्या आप न समझने पे कायम हैं।।

एक तरफ हमारा बसुधैव कुटुम्बकम दर्शन भाव का नियम है।

बचन फिर सभी भषाओ को मान देना ही प्रेम का संयम है।।

बचन

(४६)

समदृष्टि से देखो

मेरी नजर तेरी नजर जब तक है एक नही।

तब तक जीवन में अमन-चैन भी नेक नहीं।।

साक्षीचेतनब्रह्म की नजर से देखो जग को,

कोई ऐसी जगह नहीं जहाँ चेतन रेख नहीं।।

बचन

ये जिन्दगी तो बेशक बेफिक्र सदा हँसीन है।

पर, मोह में फँसी *बचन* तन की मसीन है।।

देहोहम भाव तज कर शिवोहम होके देखो, तो,

फिर यह जिन्दगी चेतन अस्तित्व है, न दीन है।।

बचन

(४७)

यश नाम की कामना

लोग परेशान हैं, कि मेरा नाम हो जाये, मगर हमें तो लगे, कि,

सब नाम रूप माया का फैलाया ताम झाम है।

जब सब में अद्वैत विराट अनन्त चैतन्याकाश ब्रह्म समाया है,

तो सर्व नाम रूप बचन एकोहमबहुश्याम हैं।।

जबसे ये सृष्टि रची तबसे अगणित बड़े बड़े वैभवशाली वीर हुये

 धरती पर जिनके आज कोई जाने न नाम है।

सब नामो के नामी बहुनामी को याद रखो, जिससे ये जीवन है,

उसके बिना इस भौतिक नाम रूप की शाम है।।

बचन

(४८)

चलो सत्य जीवन की ओर

गौर गौर से देखिये, और और को नहीं कहीं है ठौर।

ठौर ठौर लख गौर से, चितवै सबमें चैतन चितचोर।।१।।

दौर दौर दर दर दर्शन को दौड़त दुर्बल ह्वै दिन-रैन।

स्थिरप्रज्ञ हो देखे नहीं, निजात्मा चेतनसाक्षी त्रिनैंन।।२।।

जग लम्बा सपना सम *बचन* मोहनिशा में सोय।

चैतन्य स्वरूप में जगत न, नश्वर जग में सत खोय।।३।।

मोह तन्द्रा भंग होयगी, बचन औचक आवै जब यम।

तब रो रो पछितायगो, तो भज ले अबहीं गो-विन-दम।।४।।

भज गोविन्दम भज गोविन्दम, गोविन्दम मूढ़मते भज।

वरना यम पाश से न बचेगा, अतः भीतर से सब तज।।५।।

आया है सो जायेगा, यह हैं अज्ञानी जनों की सब बात।

कहीं आना जाना नहीं, चैतन्यप्रकाश साक्षी सदा रहात।।६।।

जीना यहाँ मरना यहाँ, देह के लिये सब जग करै गान।

प्राण देह से जुदा हों, तो संयोग टूटत तन तन्त्र विधान।।७।

तुम चैतन्याकाश विराट, सर्वाधिष्ठानवत प्रकाश शेष।

तुम, अजर अमर आत्मप्रकाश सदा अस्तित्व अशेष।।८।।

मोह लगाव आसक्ति के कारण बचन सकल क्लेश।

मोह, न हो तो तुम ही मोहन हो, वँशीधर अखिलेश।।९।।

बचन

(४९)

विचार ही सूक्ष्म कर्म है

सदविचार है अमृत धारा, सत्संगत महकता सा नन्दन वन है।

जित जित चेतन लहरें उठतीं, उत उत ही शाश्वतजीवन धन है।

रूप, आकार, दृश्य मिट जाते, तुम दृष्टा कभी न मिटते *बचन*,

व्यापक अनन्त अव्यय है स्वरूप हमारा सच्चिदानन्द घन है।।

बचन

भीतर भीतर गन्ध, मकरन्द, सौन्दर्य का सु-वास।

बाहर प्रस्फुटित सत्य का चांदनी जैसा प्रकाश।।

एक भारतीय संस्कृति का सुन्दर धवल लिवास।

धैर्य-साहस के पँखो से भरती रहो उड़ान आकाश।।

बचन

(५०)

धन माया नहीं धर्म करने का साधन है

बचन रुपैया राखिये बिन रुपिया सब सून।
रुपिया बिना न मिल सके, यार प्यार कानून।।

देखो जितने भगवान धरा के सब राजा के बेटे।
निर्धन गरीब ज्ञानी हुये, तो फकीर, या दास लेखे।।

जैसे कबीर दास, नानक दास, और तुलसीदास।
रविदास, रामदास, कालिदास, बने भगवानदास।।

धन माया नहीं धन एक शक्ति धर्म का है साधन।
यज्ञ दान पुण्य भलाई मदद पूजा न हो बिन धन।।

अति सर्वत्र वर्जयते, तो सिर्फ धन की अति छोड़ो।
धन बिन रोटी भी तो मिले न, धन से मुँह न मोड़ो।।

रुपिया माना खुदा है नहीं, लेकिन है खुदा का बच्चा।
बिन धन ब्याह कोई सांस्कृतिक कार्य न हो अच्छा।।

अतः भ्रम यह मत पालिये, की धन माया का रूप।
बिना धन किसी भी कार्यक्रम का हो न सुन्दर रूप।।

लेकिन अति से सदा बचो, अधिक आये यदि धन।
तो सकुशल बाँटिये तो हो दीन सुदामा से निर्धन।।

क्योकि जो हम बाँटतें वही कहलाता है परसाद।
छीना झपटी से जो बटोरते वही होता घोर विषाद।।

अतः सोच समझ के कीजिये लक्ष्मी का सदुपयोग।
न, तो, ये लक्ष्मी निज वाहन बना लेगी, लीजै भोग।।

अति धन बढ़े तो परमारथ करो रखके दीनों जे प्रीत।
तभी सँसार में नाम फैलेगा, बढ़ जायेगी यश कीर्ति।।
बचनशाह

(५९)

मनुष्य के प्रकार

बचन प्राय: करोड़ों में कोई दो चार मनुष्य ऐसे होते हैं।

जो कुदरती विवेकी स्वाध्यायी बुद्धिमान पैदा होते हैं।।

कुछ लोग बुजुर्गों की मानके मुसीबतों से बच जाते हैं।

पर, अधिकतर ठोकर खाकर के सुधरते व सम्हलते हैं।।

परन्तु कुछ ऐसे महामूर्खाधिराज पामर होते हैं *बचन*,

जो ठोकर से भी न सुधरते, वही नरपशु जैसे कहलाते हैं।।

बचनशाह

(५२)

सत्य का दीदावर ही आँख वाला है

दृश्य जगत सब नयनन का धोखा है।

देखो देखने वाले को भीतर चोखा है।।

चिदाकाश माकाश शिवाकाशवत एक,

अद्वैतचेतनाकाश ब्रह्माकाश अनदेखा है।

देख समझ उसे मेरे प्रिय मन बाबरे तू,

बाहर भीतर विराट चैतन्यप्रकाश लेखा है।।

दृश्य प्रपन्च देह उम्र भर का स्वप्र सा,

बचन साक्षीचेतन स्वरूप अनोखा है।।

बचनशाह

(५३)

स्वयँ दीप रुप धरो तभी तरो*

हवाओं का गुजरना होता रहता अँधेरों और उजालों दोनों के मैदाने आँगन से सदा सदा।

ये हवाएँ पहचानतीं हैं, घनघोर अँधेरों की मुक्त गगन में मजबूत क्रूरता जालिम हरकतें अदा।।

हवा, तो दीपक का जोर आजमा कर जलते रहने का रियाज अभ्यास करातीं हैं *बचन*,

हवाएँ दुश्मनी नहीं वरन जलते दीयों की परीक्षाएँ लेकर बढ़ातीं जलने की शक्ति सर्वदा।।

बचनशाह

जब दर्द, दर्द की हर हद से गुजर जाता है।

दर्द ही दर्द की दवा की सरहद हो जाता है।।

तुम दीया बनकर जलते रहो जग में, *बचन*

दुनियाँ में रोशनाई का नजारा जद हो जाता है।।

बचनशाह

(५४)

नजरिया ही कमाल है

नजरिये का कमाल है सब पृथ्वी में तीन चौथाई पानी।

पानी से जन्मती पृथ्वी या पृथ्वी से निकलता है पानी।।

कुछ पता ही नहीं चलता, लगे और है, होता कुछ और,

इंसान के दिलों में रहती है, अहम-वहम से बड़ी हैरानी।।

बचनशाह

खुद ही खुद में तुम खुदा से खुदी खुदी हो गये।

मन को बुरा दुष्कृत करके दुश्मनी खुदी हो गये।।

मन को न-मन अ-मन कर मेटते गर खुदी को,

तो ख़ुद की खुदी मिटा, अमन में खुदा हो गये।।

बचनशाह

(५५)

रिश्ते साये हैं, लीलावत निभाओ

हर रिश्ता इक़ दिन रिस रिस कर स्वार्थ बिन रिसता है।

जरावस्था में तो खुद का पाला औलाद भी कोसता है।।

कोरोना बीमारी ने सब रिश्तों की अवकात ही दिखा दी,

किस कदर सगे से सगा भी अस्पताल में छोड़ भगता है।।

मरने पर तो गृह की सफाई कराता जोर शोर से *बचन*

अपनो के भूत से बचने के भय से सब रस्में निभाता है।।

बचनशाह

(५६)

निन्दा-प्रसंशा में सजग रह विचलित न होना साधना है

निंदा-स्तुति से कभी विचलित न हों रचो सच खास।

कविता लिखो ऐसी जिससे स्व हृदय की बुझे प्यास।।

कोई हमें अच्छा कहें, या कहै कविता सब बकवास।

लोगों के कारण निज पथ मत विचलित कीजै आप।।

किसी के अच्छा बुरा कहने से गर राहें बदलें हम।

कठपुतली बन जायेंगे, रिमोट बनें कम्मेंट की दम।।

खुद को अच्छा सच्चा लगे, वही सत्य लिखो निर्द्वन्द्व।

अपनी ही नजरों में हम न गिरें, ऐसे रचो रस छन्द।।

यहाँ कविता सुनाने को लिखते सब कविता बाज।

बचन जाको पाठक प्रतीक्षा करै सोई कविराज।।

बचन

(५७)

उपनिषद से प्रेरणा**

द्वा सुपर्णा सयुजा सखाया समानं वृक्षं परिषस्वजाते।

तयोरन्यः पिप्पलं स्वाद्वत्त्यनश्नन्नन्यो अभिचाकशीति।।

भावार्थ--

दो सुन्दर पंखों वाले पक्षी, जो साथ-साथ रहने वाले तथा परस्पर सखा हैं, समान वृक्ष पर ही आकर रहते हैं; उनमें से एक उस वृक्ष के स्वादिष्ट फलों को खाता है, दूसरा खाता नहीं है, केवल देखता है।

एक पँछी चँचल *मन*।

दूसरा पँछी साक्षीचेतन।।

एक जीव है चिदाभास।

दूसरा साक्षी चिदाकाश।।

एकपँछी हिलता प्रतिबिंब।

दूसरा कूटस्थ चेतन बिम्ब।।

इक़ मायिक पशु का प्रपञ्च।

दूसरा है विराट अक्षय अनन्त।।

बचन

(५८)

संघर्ष ही जीवन प्रकाश है

हिना रँग लाती है, पत्थर पे पूर्ण घिसपिस जाने के बाद।

जरा सा परमाणु अपार ऊर्जा में बदलते टूटने के बाद।।

अतिशय रगड़ श्रम करै तो अनल प्रगट होती चन्दन से,

हाइड्रोजन हीलियम प्रकाश दें फिजन फ्यूजन के बाद।।

बचन

जिस तरह से, ठोकरें इंसान को चलना सिखाती हैं।

उसी तरह, चुनौतियाँ इंसान को जीतना सिखातीं हैं।।

बचन

(५९)

शिवोहम भाव मे जियो

जब तक देहोहम भाव ही रहेगा, मौत का साया छाया रहेगा।

सच्चिदानन्दरस में बूड़ जा, होके मृत्युंजय अमृत तू पियेगा।।

चिदाभास प्रतिबिम्ब जीव *बचन* जो अज्ञान में सोया रहेगा।

प्रतिबिंब को शिवाकाश बिंब से अद्वैत कर सत्य खिलेगा।।

बचन

सत्य स्व जानना बाकी जब तक, दिल में नही बे-बाकी है।

तब तक जीवन में मौत का डर अगर मगर सब बाकी है।।

जान जान लिया भीतर के जी जान चैतन्यनूर को, *बचन*

फिर अचाह हो सिर्फ निष्काम किरदार निभाना बाकी है।।

बचन

कोई क्या समझता है, ये न समझ, *बचन*

समझ ये कि क्या तू रहमोकर्म समझता है??

समझ समझ के समझ अद्वैत चेतननूर, को

दुई के द्वन्द में दफन दुनियाँ धरम समझता है??

बचन

यह धरती अम्बर में है, अम्बर भी धरती में है।

ज्यूँ बाहर भीतर *रस मिठास* इमरती में है।।

यूँ ही इक़ चेतनब्रह्म साक्षी हरइक कृति में है।

रामसियमय सब जग *बचन* राम, रती में है।।

बचन

(६०)

भारतीय दर्शन महान

पत्थर तैराये कवि भालू ने, ले ले के राम नाम।
राम ने राम लिख छोड़ा, तो डूबा पाहन ठाम।।

कहे हँस कपीश, प्रभु जो आप के कर ते छुट जाय।
भवसागर में वो भला किस प्रकार तरे व तैर सकाय??

तब ते गाथा सच हुई, राम से बड़ा राम का नाम।
राम नाम जप बाबरे, पाये बैकुण्ठ अमृत धाम।।

और कोई चारा नहीं नश्वर जग की छूटे हर चीज।
राम नाम मनवा भजो, या रीझरीझ या खीजखीज।।

भारत भा-रत युग युग से, "बचन" ब्रह्म रस खान।
ब्रह्माण्ड कुटुम्बकम सोच को क्या समझे नादान??
"बचन"

(६१)

आत्मदर्शन करना ही जीवन सार्थक करना है

निर्भर तो सदा एक पर ही रहा जाता है, पर वह अपनीअन्तरात्मा है।

दुनियाँ चाहे साथ रहे न रहे, पर सदा जीवन दाता वही चेतनात्मा है।।

वही भीतर भीतर सबके दिलों में प्रेम भरती सकल सँसार में *बचन

जग सुख सिर्फ मोहजाल हैं, आनन्द वही हरि हरदिल में चेतनात्मा है।

अपना जो रूठे तो कोशिश कर मना लेना चाहिए।

अपने प्रेमी के लिए कुछ त्याग भी करना चाहिए।।

किसी भी तरह समायोजन करके चलता ये जीवन,

सुकर्म में सम्पूर्ण आत्मविश्वास लगा देना चाहिए।।

पर अपना आत्मविश्वास कभी खोना नहीं चाहिए।

आत्म विवेक ही जीवन खुशहाली बनाना चाहिए।।

बचन

(६२)

देखने वाले साक्षी को समझो

जो कुछ भी दिख रहा है, वो सब कुछ ही तो बनने बिगड़ने वाला है।

बिगड़ता, बनता नहीं कुछ भी उसका जो सब जग को देखने वाला है।

शरीर को चाहे जितना स्पेशल बना लीजै ये भी एक दृश्य है *बचन*

चेतन दृष्टा-साक्षी होकर जिओ, वही जीवन अमृत का ब्रह्म प्याला है।

बचन

आँसू उमड़ते उर प्रेम उदधि की लहर सृजन की मुस्कान है।

दर्द के प्रदर्शन से विद्ध्वंश रोकने की तीर और कमान है।।

अश्रुधार बन देह पिघला बहा देना, विदेह का विस्तार, *बचन*

आँसूओं का बादल ही सूख कर शाश्वत चूमता आसमान है।।

बचन

(६३)

सत्य पथ कठिन फिर भी वरेण्य है

काँटे सत्य की डगर में, पग पग जग बोता दिन रात।

पर सत्य अग्नि है सूर्य सम, बुझाए न कभी बुझात।।

हरिश्चंद्र, मीरा, सुकरात, गैलिलियो, ईशा और मन्सूर थे सत्य ब्रत के वीर।

सब तन तज कर भी अमर हैं, कहलाते अवतारी, पैगम्बर, पीर फकीर।।

रही बात झूंठे, मक्कारों की, वह भले ही आज मजा मारते जैसे दिखलात।

किन्तु झूंठे जब मरते तब कुत्ते की मौत मरें, कोऊ न नाम लेत, न ही पूजे जात।।

बचन

(६४)

दृश्य प्रपञ्च है सावधान रहो

पैकिंग देख सब लुभा रहे, अन्दर क्या है माल।

धोखे खाते लोग सब, परख सकें नहीं तत्काल।।

गाय की खाल में छिपी, सिंहनी सब वर लावैं।

सिर पर सदा दहाड़ती, सिर धुन धुन पछतावैं।।

होता तो कुछ और हैं, लगता है कुछ और।

दिखता कुछ और, धैर्य से करे न कोई गौर।।

तभी बचन कह दिया है, दृश्य जगत प्रपन्च।

प्रकाश का सब खेल, ताकौ सतरंगी है दंश।।

नैनन का धोखा सा लगे, बचन यह सँसार।

देखत देखत हिराय सब, बदलत लगे न बार।।

होशं पूर्वक जागृत सत्य में रह जीना है जीवन।

वरना धोखे धोखे में ही बचन, छूट जायेगा तन।।

बचनशाह

(६५)

 *सत्य अद्वैत है*

जब तक मैं , तू और तू मैं एक नहीं हो जाता।

तब तक सच मानो बचन प्यार में सुकूँ न आता।।

प्यार ही तो वह क्षेत्र है जामें दो नहीं कभी समाते।

जब दो रहेंगे तो होगा ही *तू-तू - मैं-मैं* का नाता।।

मैं अलग अहम, तू अलग अहम, तो अहमवृत्ति टकराती हैं।

जैसे सागर में अलग अलग लहरें एक दूजे पर नजरातीं हैं।।

अगर लहरें ये समझें हम-सब लहरों में सिन्धु जल ही तो है,

फिर टकराव वृत्ति मिट अठखेलियाँ अद्वैतसिन्धु हो जातीं हैं।।

बचनशाह

(६६)

ज़िन्दगी अस्तित्व है

जब भी ज़िन्दगी की ज़िन्दगी से मुलाकात होगी।

इक़ मौन की निःशब्दता छायेगी कोई बात न होगी।।

भूगोल-खगोल ब्रह्माण्ड सब एक नजरायेंगे "बचन"

अनिर्वचनीय सी अद्वैतचेतनाकाश की सौगात होगी।।

बचनशाह

उसे याद करने से अन्त कभी आता ही नहीं, क्योंकि वह अक्षर अव्यय अनाम अनादि अनन्त है।

जिसने अनन्त को मन की अनन्यता से याद किया वह भी हो जाता परमपूर्णता प्राप्त अनन्त है।।

रोम रोम रम गया जिसका उस अनन्त श्यामाकाश में, फिर उसे एकोहमबहुश्याम समझ आ जाता "बचन",

अनन्त प्रेमी का दिल ही सन्त है, महन्त है, सच्चिदानन्दरसमय अद्वैतचेतनाकाश पन्थ है।।

बचन

वास्तव में यह ज़िन्दगी

ज़िन्दगी=जि+न+द+गी यानि

*****

ज़िन्दगी का *जि* जिस्म में जी जान है।

ज़िन्दगी का *न* बड़ा नटखट नादान है।।

ज़िन्दगी का *द* दरिया दिली है *बचन*

ज़िन्दगी का *गी* गीत गजल गान है।।

*बचन**

(६७)

भगवान को जानना

अन्यत्र कुछ है नहीं, सर्वत्र सर्वाधार अधिष्ठानवत अद्वैत चेतननूर।

द्वैत भाव में सच्चिदानन्द रस न चखे, दुई में है दुनियाँ चकनाचूर।।

बाहर भीतर एक रस है चेतन भरपूर, अहम में मत हो रे मगरूर।

मोह पाशको काट निष्काम सर्वकर्म कर फिर रब नहीं

तुझसे दूर।

बचन

प्रेम की पराकाष्ठा जब पूर्ण बुद्ध सी प्रखर निर्भीक निखरती है।

बचन अंगुलिमाल की चेतना में भी अहिंसक वृत्ति उभरती है।।

जड़ जंगम चराचर चरण चापते प्रकृति रास सी खिली लगती है।

मन अ-मन में मन मोहन नृत्य कर उठते, जब प्रेम वँशी बजती है।

बचन

सारी दुनियाँ हो दुश्मन तो बनती रहे, होता वही है हरि जो करे।

आ गयी हो मौत गर देह की, तो लाख जतनकर वक्त पे ही मरे।।

जब तक हरि को जिलाना है तुझे, वो जिलायेगा फिक्र क्यूँ करे?

हरि इच्छा बिना न तरु पात हिले, जग चरस बोये तो बोया करे।।

बचन

(६८)

बदलती इंसानियत

आदमी, भरे पेट भी स्वार्थी प्रेम में पड़ पल पल बिगड़ रहा है।

आदमी, आदमी से जल भुन करके प्रपञ्च में जकड़ रहा है।।

जानवरों में प्रेम परस्पर पेट भरने के बाद दीखे बढ़चढ़ रहा है।

जानवर सिर्फ आत्मरक्षा में हिंसक हो, बाकी प्रेम पकड़ रहा है।

बचन

प्रतिभा का अर्थ ही होता है कि प्रति"+भा भा यानि प्रकाश जो प्रत्येक के लिये होना होता है।

जिसके भीतर सत्य का दीपक जलता है, उसे दिखावा क्या करना हर आँख वाला देखता है।।

चाहे सौ चन्दा उगवै सूरज चढ़े हजार, पर बिना अन्तरचक्षु खोले किसी में सत्य प्रतिभा जागती नहीं,

अत्त दीपो भव भीतर के चैतन्याकाश प्रकाश ब्रह्म को जानने वाला ही स्थिरप्रज्ञ प्रतिभा होता है।।

बचन

(६९)

निष्कामता

माना अब वृक्ष से कोई फसल न झरती है।

फल न देते हुये उनकी छाया तो रहती है।।

छाया ही आशीष बन कर जब बरसती है।

ज़िन्दगी जीने वालों में शान्ति सरसती है।।

बुजर्गों की छाया विहीन मनुष्यो की साँसें,

यादों के झरोखों में रम रम के तरसती है।।

*बचन

स्वयं को शरीर समझना ही सब पापों का बाप है।

शरीर भाव में जीना ही मौत है, घोर दुख है ताप है।।

देह तो महज एक चेतन समुद्र का झाग है *बचन*,

सत्य तो अमृत चेतनब्रह्म व्यापक अनन्त बे-नाप है।।

बचन

सदा सत्यम शिवम सुन्दरम।

सत्य ही शिव उसी में रम-रम।

शिव ही सुन्दर है वही है दम।

उसे समझ जान मिटे सब गम।।

बचन

जीवन की

यही हकीकत है

सच्चाई है।

कि

दुनियां में मृग मरीचिका छाई है।

मैं, मेरा, तू, तेरा, क्या माया रचाई है।।

जग कोरा भ्रमजाल है,

एक कुंआ है,

गहरी खाई है।।

जीते जी खुद के शाश्वत स्वरूप को जान ले,

फिर जग मेला देख,

सिर्फ लीला जैसे अपने कर्म करो,

जिंदगी का यही फलसफा ही सच्चाई है।

बचन

(७०)

*प्यार

सच्चा प्यार

एक समन्दर होता है,

लब्ज क्या,

सिमट सकता नही किताबों में।

सारा अनुभव कोई लिख नही सकता

जो कुछ भी दिखता है

ख्वाबों में।।

कुछ न कुछ तो इस अनुभव का रह ही जाता है

जिसके लिए लब्ज नहीं,

वही खास होता है,

जो बयाँ नही हो पाता,

जैसे खुशबू

छिपी गुलाबों में।।

जिसे सिर्फ

महसूस या अनुभव

ही किया जा सकता है।।

बचन

(७१)

मुक्त-सोच

अन्यथा मत ले तो एक अज्ञानी कुछ तोतली बोली में कुछ कहने की
असफल चेष्टा कर रहा है।

जो कुछ भी जीवन में सद गुरुओं ग्रंथों से सीखा वो लिखने का
निष्काम प्रयास कर रहा है।।

पढ़ने में आनन्द रस बरस गया, भाव बहना हो गया सफल।

आम खाने का आनन्द लो, गुठलियों की क्या देखना शक्ल।।

भज गोविन्दम यानि गो-बिन-दम इन्द्रियों से परे चेतन दम भज।

वही चेतन पुरुष उत्तम है पुरुषोत्तम, उसी का पलपल ध्यानचख।

रस आनन्द बरसे वही , जहाँ चेतनसाक्षी सच्चिदानन्द रस धार।

रसों वै स: तो वो रस कैसे भी छलकै करना क्यों छन्दविचार?

हम ठहरे निरे अज्ञानी भक्ति रस में बूड़े नहीं कवि साहित्यकार।

सो अन्तरमस्ती छलक उठै, प्रगट करें सूफ़ियाना विधा विचार।।

कबिरा से मस्ताने स्वच्छन्द छन्द रचें, नहीं कविता विधा ज्ञान।

आदिशंकराचार्य जी भी कहे, भज गोविन्दम गोविन्दम ध्यान।।

अन्तकाले ये व्याकरण के नियम भी न हर सकेंगे मृत्युभय मान।

रोते बिलखते हुये तन छोड़ जायेंगे, बिन गो-बिन-दम चेतनज्ञान।

आदिशंकराचार्य के *भज गोविन्दम* ग्रंथ से****

भज गोविन्द भज गोविन्द,

गोविन्द भज मूढ़मते।

संप्राप्ते सन्निहिते काले,

न हि न हि रक्षति डुकृञ् करणे ।।१।।

भावार्थ–

हे मोह से ग्रसित बुद्धि वाले मित्र, गोविंद को भजो, गोविन्द का नाम लो, गोविन्द से प्रेम करो क्योंकि मृत्यु के समय व्याकरण के नियम याद रखने से आपकी रक्षा नहीं हो सकती है ।।

(७२)

भ्रष्टाचार या शिष्टाचार या प्राकृतिक नियम

रिश्वत को रिश्वत न कहो, यह तो सुविधा शुल्क।

प्रायः लोग खुद स्वार्थ में लोग देने को उत्सुक।।

ईमानदार कितना भी दिखा ले कड़े कड़े कानून।

पैसे वाले उसे दबाने के लिये खोज लेते मजमून।

नीचे से ऊपर तक कोई न कोई खाऊ मिल जाता।

मैनेजर यदि रहे अटल तो वह मालिक को खिलाता।।

फिर मालिक के हुक्म से हो जाते उसके सब काम।

तो *बचन* या सँसार में फैला रिश्वत तन्त्र हर ठाम।।

भ्रष्टाचार ही युगों युगों से बना साँसारिक शिष्टाचार।

लोगो के पास वक्त नहीं, लाइन में लगें करें हाहाकार।।

इसलिये बचन या सँसार में पैसा फेंको तमाशा देखो।

इसे भ्रष्टाचार कहो, या काम बनाने का जतन समझो।।

शोषण को सँसार में कोई कभी सकै नही रोक।

इसे प्राकृतिक नियम ही जानिये होकर बेखौफ।।

जैसे एक गुलाब फुनगी पर खिलता है अलमस्त।

फूलपोषण में पत्ती, डाली, तना, जड़ सभी व्यस्त।।

सब के सब मिलके प्रकृतिपुष्प का करते पोषण।

इस तरह बेचारी गरीब खाद का ही होता शोषण।।

पत्ती डाली तना जड़ सब के सब बनते हैं सहयोगी।

तब फूल प्रकृति में गन्ध बिखेरने हेतु होता उपयोगी।।

बचन इसी तरह बूँद बादल झरना नदी सिन्धु समाते।

तो क्या कहोगे समन्दर भी शायद रिश्वत ही हैं खाते।।

बचनशाह

(७३)

सबके प्राकृतिक गुणधर्म अलग अलग

किन्तु सबमें अद्वैतचेतनब्रह्म रहा सुलग

*****

एक रचना चिन्तन पेश है***

सत्ता शक्ति सम्पन्न जो हो जात है, मनमानी मचा के करता लूट।

जरूरत से ज्यादा प्रकृति विरुद्ध है *बचन*सब यही जाता छूट।।

हिटलर-सिकन्दर जैसे भी दुनियाँ से रुखसत हो गए हाथ पसार।

कोई घमण्ड करे किस बात का दिनव दस कौ यहां जग व्यवहार।।

बचन

कहाँ चक्कर में पड़े, कोई साथ न किसी का देवनहार।

अन्त काल जब आएगा, झूँठा होता सब जग व्यवहार।।

झूठे रिश्ते जगत के प्रपंची जग में यह कोऊ काहू को नाय।

घर की नारी को कहे, तन की नारी (नाड़ी)) सदा चलती नाय।।

जबतक जीवनबाकी है तेरा, तन-मन से करले सतधन की खोज।

निज अविनाशी ब्रह्म स्वरूप पहचान ले, वरना मारेगा यम इक़ रोज।।

बचन

सुगन्ध सुमन सींचै सदा, पल पल शूलों के भी रह साथ।

ऐसे ही भला भलाई ही करै, नीचता सदा नीच के साथ।।

अपना अपना स्वभाव बन जात है,

दाता दे देकर दाता ही रहे,

रंक माँग माँग कर रहता रंक।

साधु सदा हित परमारथ कर दूजों को रक्षित करे,

पर सर्प मारे विष दन्त,

विच्छू सदा मारते रहते डंक।।

बचन

(७४)

भक्ति भाव

हरि प्रगट ह्वै धरो, बचन शीश पर हाथ।

दर्शन पा मगन मन, हो तरयो दीनानाथ।।

जैसी गति मति मोहिं दी, वैसी सबको प्रभुदेयँ।

सर्वे भवन्तु सुखिन:, सब काहू को सुख होयँ।।

तीन सवैये****

जा दिन ते झकझोर दियो गुरु, बाबरी नींद जगी की जगी है।

मनमोहन नयन समाय रह्यो, स्नेह की जोत जगी की जगी है।।

कण कण रज में प्यारी छवि देखें गाढ़ी प्रीत पगी की पगी है।

माया प्रपञ्च रचै कितने हू, हरि प्रेम की आग लगी की लगी है।।

माँगे कहा अब हरि से अपने, जिन अनमोल तन बिन मांगे दियो।

हरि अपने तौ हरि कौ सबअपनो, न माँगे कछु मुँह अपनो सिँयो।

जाहि विधि विधि हमको राखिहैं, वाही सौं भरो तरयो मेरो हियो।

शरण गहे लाज भली विधि राखें, मारें तो मरो जियावै तौ जियो।।

जबते हरि प्रगट भये हिय में, जगत की सारी माँगे ही हिराय गईं।

सुधिबुद्धि सबै बिसरी तनमन की, दर्श देख अँखियाँ जुड़ाय गईं।

धन्यवाद अहोभाव कृतज्ञता से भरो दिल मोरो शांति समाय गई।

का माँगहु कछु थिर न रहै, देखूँ नैन जाते हुये, दुनियाँ लुटाय गई।

बचन

(७५)

गोपाल दास नीरज साहित्य संस्थान समूह को सादर नमन प्रणाम करते हुये***

शिक्षक दिवस पर दो छन्द और दो मुक्तक

*****

छन्द

*****

भवकूप अन्धकार, सूझत न राह सार,
बन के प्रथम गुरु माँ ही पुचकारती।

किशोर होते होते पाठशाला नित जाते,
शिक्षक गुरु से ज्ञान वृत्तियाँ उभारती।।

बचन गुरु वचन सुन, संशय न रहे,

गुरु बिन पग पग माया भृम डारती।

मृत्यु भय से मानुष डरपत छिन छिन,

ब्रह्मज्ञानी गुरु की वाणी ही भव तारती।।१।।

गुरु बिन घोर आन्धार, सकल ये सँसार,

जिज्ञासु शिष्य प्यास बुझाते मात्र गुरु जी।

भव के टारत हैं दुख भृम जंजाल जाल,

सच्चिदानन्द पथ प्रशस्त्र करें गुरु जी।।

बचन साकार जड़ देह में विदेह तत्व,

समझा कर चैतन्यब्रह्म लखाते गुरु जी।

गोविन्द को भला या जग में जानता कौन?

मन को सत हरि जनाते न जो गुरु जी।।२।।

मुक्तक

*****

उत्कृष्ट सटीक शब्दों को सिखाये गुरु जैसे जयशंकर प्रसाद की कामायनी हो।

गुरु के महात्म्य विशद वर्णन देखिये जैसे कबिरा की परम पवित्र सु-बानी हो।

गुरु-गोविन्द दोनों खड़े, काके लागूँ पायँ गुरु से ही सत्य हरि की पहंचानी हो।।

धरा सम कागज पर सप्तसिंधु की मसी से भी गुरु की महिमा न जाय बखानी हो।।

सत्य है भौतिक सँसार में प्रथम गुरु माता पिता ही होते हैं।

श्री गणेश मात पिता के चक्कर लगा प्रथम पूज्य कहाते हैं।।

पिता आज्ञा मानके राम वन गये, तो श्री राम बन गये, *बचन*

भगवान तो दिखें न, सबके साक्षात पालक मात पिता होते हैं।।

बचन

बचनशाह

(७६)

लक्ष्मी वाहन

उल्लू

क्यों होता है??

*****

ये उन धनपतियों के लिए संकेत है

जो इतने कंजूस होते हैं

जैसे एक सूमी दूसरे महा सूमी

से कुछ ऐसे पूछते हैं।

*सूमी बोला सूम से, काहे बदन मलीन।

का कछु भैया गिर गयो, या काहू को दीन्ह।।*

तो दूसरा और बड़ा सूमी जबाब देता है,

कि

*न भैया कछु गिर गयो, न काहू को दीन्ह।

पर देते देखा और को, ताते बदन मलीन।।*

अब ऐसे धन पति जो होते हैं ,

जो अपनी धन लक्ष्मी का

न तो खुद ही उपभोग करते हैं,

और न ही किसी को देते हैं भोगने को ।

खाली बस निन्यानवे के चक्कर में

जीवन भर पड़े रहते हैं ।

अंत समय तक भी वह लक्ष्मी का कोई

उपभोग नही कर पाते हैं।

और एक दिन मर जाते हैं ।

तो ऐसे धनपति ही

जो जीवन भर लक्ष्मी को ढोते तो रहते हैं,

परन्तु वह लक्ष्मी उनके काम

कतई भी नही आती है।

तो ऐसा लक्ष्मी का ढोने वाला

उल्लू

ही तो हुआ न।

कि

नहीं।

इसलिए लक्ष्मी का वाहन

उल्लू

कहा गया शात्रो में।

सही बात है।।

बचन शाह

(७७)

धन के सँग दुआ-आशीष भी कमाओ

धन के सँग कुछ दुआ आशीष भी लेय कमाय।

जहाँ काम आवे दुआ, वहाँ दवा काम न आय।।

सच्चे निच्छल मन की प्रार्थना होती तीव्र तरँग।

अशुभ प्रकृति तरंगों को भेद करै शुभ रंगारंग।।

प्रारब्धवश यदि हो भोगना, पूर्व का कठिन कुदण्ड।

ताको हल्का करै सच्चे मन की दुआ बन कोदण्ड।।

दया धर्म को हिय धार के, दुखियों के कर दुख दूर।

*बचन*दुखात्मा को हँसा, कमाओ दुआयें भरपूर।।

मनसा वाचा कर्मणा कीजिये लाचारों से प्यार।

जीवन में दुआयें पुण्य मिलें खुशियों के अम्बार।।

दिल दुखाना दुर्बल कमजोर का होता घोर पाप।

यही पलट कर बन जायेगा, सन्ताप अभिशाप।।

बचन

(७८)

धैर्य हौसला और आत्मविस्वास ही जीवन है

बड़े जल्दवाज बेकरार अधीर होते हैं, जो बहुत ज्यादा बोलते हैं।

ख़ामोख्वाह ही मन की शक्ति नंगी कर खोखले इरादा खोलते हैं।

मौन में सदा उजागर रहता धीरज का पूर्ण प्रकाश निहित, *बचन*,

सुखी सदा वही रह पाते सँसार में हर शब्द तौल तौल बोलते हैं।

बचन

कोई पसन्द करे न करे ये उसकी पसन्द की बात है।

तुम तुमको पसन्द हो, ये खुदा की पसन्द की बात है।।

जैसा गढ़ा रब ने, उसमें कमी महसूस न करना खुशी है,

उसी की रजा में रजामन्द रहना, आनन्द की बात है।।

बचन

जिसको जग जीवन में कोई चाह नहीं है।

उसको फिर दर्द की आह कराह नहीं है।

मुक्ति जीते जी ही पाकर तर जाता वह,

कोई क्षण नहीं जिसमें वाह वाह नहीं है।।

बचन

जिन्दगी जब तक इक खेल न होगी।

तब तक दुख-दर्दों की रेल ही होगी।।

चेतन सत्य की ये अमरबेल न होगी।

मुक्त मन में झमेलों की झेल न होगी।।

बचन

(७९)

जिन्दगी क्या है? और कविता क्या है?

जिन्दगी=जि+न+द+गी

*****

जिन्दगी का *जि* जिस्म में जी, जान है।

जिन्दगी का *न* बड़ा नटखट नांदान है।।

जिन्दगी का *द* दरियादिली है *बचन*,

जिन्दगी का *गी* गीत, गजल, गान है।।

बचन

जिन्दगी = जि + न + द + गी

*****

जिन्दगी जलजलाते जज्बातों का जल उफान है।

ज़िन्दगी नटनागर का निष्काम नाटक उन्मान है।।

जिन्दगी दमदार दिलदार दिव्य प्रेम का दीवान है।

जिन्दगी गीता गायक गगनवत चेतननूर ज्ञान है।।

बचन

कविता=कसक+विदारक+तान

*****

कविता दिल की घुटती कसक को विदीर्ण करती तान है।

बात सीधी न कह प्रतीकों के माध्यम से कहा व्याख्यान है।।

कविता कला विशुद्ध तरीका, उपमा उपमेय उपमान है।

मन की कसकता दर्द विचार तारतम्य, निकालने का विधान है।।

कविता कठिन, विशुद्ध, तारक, आत्मा की सत्य आवाज है।

कविता कोमल विचार तहजीब स्पन्दन ॐकार का साज है।।

कविता कर्म वीणा तान झनकार सृजन श्रृगार का राज है।

कविता परम विवर्त तस्वीर प्रतिबिंम्ब दिल बाँसुरी का ताज है।।

बचन

(८०)

सच्ची अहिंसा

जिस अहिंसा से हिंसा बढ़े, वो अहिंसा भी हिंसा हेय।

कभी कभी हिंसा से भी हिंसा घटे अहिंसा जन्में जेय।।

अति सहन शीलता प्रार्थना क्षमा जड़ता को बढ़ावा देय।

जिमि तीन दिन विनय राम की, फिर शक्ति दिखाना श्रेय।।

शान्ति मन्त्र हम नित जपे, दुश्मन रचे बढ़चढ़ के षणयंत्र।

हम शान्ति शान्ति जपते रहे, व्यर्थ हुये सब यन्त्रतन्त्रमन्त्र।।

वीर भोग्या है बसुन्धरा, यश कीरत पाये सदा शौर्य प्रचण्ड।

जो जन्मे सो इकदिन मरे, डरे कायर ते भले शूर भुजदण्ड।।

डर डर के जो जीवन जिये, पल पल भोगे भय दुख सन्ताप।

निर्भय सत्य न्याय के लिये जो लड़े, वाको फैले यश प्रताप।।

बचन

ज्यादा मीठा चापलूसी सुनने से भी बढ़ती है, अहम की सुगर।

कुछ कडुवे नीम करेले से भी रखते हैं ऐब दूर करने का हुनर।।

तटस्थ रहो सुनो सबकी, मगर विचार विवेक से मन की करना,

बचन तभी होती है सूकूने आनन्द से जिन्दगी की गुजरबसर।

बचनशाह

(८२)

मुक्तक कविता व भक्ति छन्द

(१)

बस जोत से जोत दिल जगाते चलो।

प्रेम की निर्मल गड़्गा सदा बहाते चलो।।

मग में मिले जो भी दीन दुखी कही,

सबके हृदय से हृदय, मिलाते चलो।।

जो दीसै सो सकल विनाशी अस्थिर,

भीतर साक्षी दृष्टा उसे समझते चलो।।

तन मन के भी तुम साक्षीचेतन हो लखो,

उसी के सँस्कार बुद्धि में जमाते चलो।।

बचन

(२)

भक्ति का एक छन्द

(अनुप्रास अलंकार की छटा)

*****

भारी भरकम भयानक भूत भगत,

भिड़े भक्त भर भाव भगवान भजत।

भवकाल भयानक भहरात, भ्रमत,

भ्रू-मध्य, महाकाल त्रिनेत्र जगत।।

धर ध्यान धारणा धर्मधर धीर, धरत

धसकत धरती धरणीधर धड़कत।

सब आधि-व्याधि टरत अहम जरत,

हरि शरण में भव तरत अमृत झरत।।

बचन

(८२)

*चन्द्रयान से अध्यात्म ज्ञान मयी

हाइकु रचना*

चाँद के पार

चलने के सपने

पूरे अपने

ब्रह्म सागर

चाँद नक्षत्र सब

कंकड़ सम

कृष्ण चेतना

मुख में ये ब्रह्माण्ड

सत्य वचन

दृश्य प्रकृति
साक्षीचेतन तत्व
ठहरे हम,

चाँद है क्या?
कोटि कोटि ब्रह्माण्ड
खेले गोद में,

गो बिन दम
स्वरूप हमारा है,
सच्चिदानन्द

जो दिखे माया
देखनिहारा ब्रह्म
वही हैं हम

ब्रह्म ज्ञानी तो
ब्रह्माण्ड कुटुम्बकम
भाव से पूर्ण

जीवन तत्व

तन मन दो तट,

चेतनधारा

चिद बिंम्ब का

प्रतिबिंम्ब है जीव

अद्वैत मुक्ति

बचन

सूरदास का पद भगवान कृष्ण हठ करते हुये मैया से रूठते हैं

तब यशोदा मैया मना ली थी****

*****

मैया, मैं तो चंद-खिलौना लैहौं।

जैहौं लोटि धरनि पर अबहीं, तेरी गोद न ऐहौं।।

भारत माता के वैज्ञानिक सपूतों ने बाल कृष्ण की

अभिलाषा चन्द्रयान-3 चन्द्र पर भेज कर

पूर्ण कर दी है******

*****

कन्हैया मोरे तोको, चन्द खिलौना ही दिलईहौं।

चन्द्र यान भेज चन्दा पे तोहे सुसन्देश बतइहौं।।

भारत माता जननी हों ऐसी सब अवतार जन्माये।

दुनियाँ जब जब पथभ्रष्ट हुई तब तब राह बताये।।

आज धरा पर दौर परमाणु बम का धरा को डरवावे।

भारत बसुधैवकुटुम्बकम की धारा प्रेम रस बरसावे।।

ध्यान साधना से भीतर की अद्वैत चेतन शाँति सिखावे।

दुनियाँ सारी दृश्य छल प्रपञ्च से राग मोह में भरमावे।।

अन्त समय सब जोड़ा छूट जात है, चैन से न जी पावे।

बचन भारत माता विज्ञान से सृजन पन्थ पर चलावे।।

कृष्ण आपकी गीता समझे जो, शान्ति विराटता पावे।

कृष्ण-चेतना आज तुम्हारी चन्द्र ब्रह्माण्ड में रास रचावे।।

बचन

(८४)

एक शाश्वत रचना

*****&

चिड़िया पुष्प दोनों में, रहा इक़ सत चेतन आनन्द सदा लहराय।

विराट चेतन नूर तत्त्व को समझ लो सबमें अद्वैत वही जीवनाय।

वही अद्वैत सच्चिदानन्द ही *बचन* कहलाता सबका भगवान।

अन्तर्ध्यान कर अ-मन होश में उसे समझकर कर लो कल्यान।।

उसे समझ लिया तो जगेगा हिय में बसुधैव कुटुम्बकम का भाव।

सबसे प्रेम करना सीखगे, फिर कभी किसी का दिल न दुखाव।।
बचनशाह

गमो की बरकत को ज़िन्दगी के घोर तपों में तब्दील कर दो।

खुद की नफरत को खुदी(अहम) को मिटाने में कील कर लो।।

इश्क को अब मजाजी से इश्क हकीकी का मोड़ देकर *बचन*

मरघट वासीं शिव हो पर्वत सी पीर गंगधार ब्रह्म फील कर लो।

जीवन जन्म देह प्राप्ति से सत्यखोज के जीवनसार्थक करलो।

अन्तर्मुखी होकर *बचन* निजचेतन से साक्षित्व प्यार कर लो।

बचनशाह

(८५)

कुछ छोटी छोटी बातों के बड़े बड़े भाव

(१)

बचन समझना चाहिये खुद ही खुद पे छाया दर्द।

हमदर्द भी कभी कभी हो जाता, मानव का सिरदर्द।।

बिन अपने मरे मिलै नही, जीवन में कहीं भी स्वर्ग।

अतः अत्त दीपो भव, कोई हरेगा न तेरा ये दुख दर्द।।

बचन

(२)

जो जीवन में वास्तव में मिथ्यात्व से डर गया।

वो सत राह चल धीरे धीरे भव पार उतर गया।।

बचन जो निज मिथ्या अहम में अकड़ गया।

वो जग से यम पाश में बन्ध जकड़कर मर गया।।

-*बचन*

(३)

मनसा, वाचा, कर्मणा कभी भी जो व्यवहार तुम्हैं खुद के लिये आवै
हरगिज नहीं पसन्द।

वही व्यवहार किसी और के संग मत कीजिये, तव जीवन में सदा बहै
रसमय छन्द-सुगन्ध।।

बचन

(४)

सारे जग सुख नश्वर हैं, सँसार में भयाभह भय तो मृत्यु ही भय है।।

इस भय से बचके, अमृत पीना है तो सिर्फ भजन करता निर्भय है।।

भगवान में लीन होकर तन तजना न सीखा, तो नर तन व्यर्थ हुआ,

जिस मानुष देह के खातिर देवता तरसे, चाहे दुनियाँ की हर शय है।।
बचन

(५)

जिस दिल में बसा था प्यार तेरा, उस दिल का रब से अब नाता हमने जोड़ दिया।

बदनाम न होने देंगे तुम्हें, रुख सत ओर मोड़, *तेरा नाम ही लेना छोड़ दिया*।।

बचन, दीवाने हम उसी के हो गये, जिनकी सारी धरा, कायनात दीवानी है,

जाकी एक झलक से सफल होता जन्म, उसी चेतन में *अहम* का भंडा फोड़ दिया।

बचन

(८६)

नकल से बचो,

अकल प्रयोग कर मौलिकता लाओ

*****

नकल अकल में दखल है।

नकल मौलिकता खलल है।।

अपनी निजता खोती नकल,

नव सृजन चढ़ जाता बलि है।।

हर तत्व के गुणधर्म अलग अलग होते हैं।

ताँबा, कार्बन, भला सोना कैसे बन सकते हैं??

सबके गुणधर्म हो सकते नहीं एक से बचन,

एक ही रासायनिक तत्व से जीवन न चलते हैं।।

"बचन" मगर इन सभी तत्त्वों का अधिष्ठान चेतन एक है।

यही तो अनेकता में एकता देखने का साक्षी दृष्टा एक है।।

उस अद्वैतचेतनब्रह्म सर्वाधिष्ठानवत से संचालित ब्रह्माण्ड

जो सर्वत्र विराट अनन्त सर्व व्यापी अखिलेश सर्वेश एक है।।

"बचन"

१८७

शिक्षक दिवस के अवसर पर

कहने वाले कह गये सटीक जयजवान जयकिसान।

बड़ी भूल इक रह गयी, कहे न *जय शिक्षक महान*।

शिक्षक की शिक्षा से ही, जवान की होती है जय जयकार।

शिक्षक की शिक्षा से ही, किसान उपजाते अन्न भूपर अपार।।

शिक्षक वशिष्ठ, विश्वामित्र से न मिलते तो क्या राम, राम से बनते।

सन्दीपन गुरु न होते तो कृष्ण, तारक घनश्याम कृष्ण न कहाते।

शिक्षक द्रोण के कारण हो सके धनुर्धारी अर्जुन।

शिक्षक परशुराम शिष्य होकर ही कर्ण हुये निपुण।

शिक्षक जामवन्त यदि न मिलते, तो कैसे हनुमान होते बलधाम।

शिक्षक जो न मिलतेविदेशों में तो अम्बेडकर न रचते सम्विधान।

शिक्षक होता जो सदा, त्याग, तपस्या की प्रतिमूर्ति, वही जग साक्षात ब्रह्म मूर्ति।

शिक्षक ही अपने से भी अच्छा शिष्य गढ़ प्रकति की कमी में करता है आपूर्ति।।

गुरु ब्रह्मा, गुरु विष्णु, गुरु देवोमहेश्वर:।

गुरु साक्षात परब्रह्म, तस्मै श्री गुरुवे नम:।।

बचन

(८८)

सदा मृदु बोलो, व्यंग्य ताने मत मारो

मुँह धनु ताना तीर धर, करै हृदय पर वार।

ज़ख्म भयँकर यूँ करै, कर न सके तलवार।।

तलवारों के घाव तौ, सहे बचन धर धीर।

घाव जो तानों से भये, जीवन भर कसकै पीर।।

दुष्ट मुख बामी सम, निकसत बचन भुजंग।

मौन धारण कीजिये, विष नही चढ़त अँग।।

गाली आवत एक है, पलटत होत हजार।

सन्त सम साक्षी ह्वै लखो कुत्ता भूँके द्वार।।

किसी के कारण अगर विचलित हुये हम।

समझो रिमोट उसके हाथ में, तुम में न दम।।

निज दम को साधो सदा, भले करे कोई ऊधम।

क्रिया के विपरीत हर क्रिया का होता उपक्रम।।

धरती सा धीरज धरो, सहती कितनी खोदखाद।

नीर सम सतत सरल रहो, हिय उपजै साधुवाद।।

जिमि कमलपत्र से जल में रहे, पे जल छू न जाय।

यूँ जियो ज़िन्दगी माया बिच, हृदय में न लिपटाय।।

भीतर ब्रह्म हो, बाहर लीलावत निभाओ किरदार।

जरूरतें पूर्ति कर पालो देह को हिय भर ब्रह्माचार।।

तुम चेतन प्रकाश स्वरूप हो, जो मरे न मारा जाय।

दृश्य प्रपञ्च से राग मत करो, इकदिन जाय हिराय।।

बचन

(८९)

एक वैज्ञानिकता भरे अध्यात्म की

चन्द पंक्तियों पर गहराई से गौर कीजियेगा****

*****

दृश्य नाम रूप को भूल जाओ तो अदृश्य पूर्ण अनन्त है।

बचन जो यह भाव को स्थिरप्रज्ञ हो जिये सोई सन्त है।।

चेतनसाक्षी तत्व ॐ फेल करता है ए=म्सी2 सूत्र को बचन,

जीवन तो चेतनाकाशवत अस्तित्व सदाबहार बसन्त है।।

अध्यात्म सूत्र ॐ=म्सी2 शाश्वत सत्य सूत्र है****

म=0 यानि नाम-रूप विहीन, सी=चेतन मन साक्षी का वेग है

*****

ॐ कार स्वयंभू रहता, मात्रा म=0 हो, और सी=चेतन मन वेग।

जब कोई मात्रा न हो सिर्फ चिन्मय प्रकाश हो, वही शिव तेज।।

तेज ओज कभी किसी भी प्रकार मरता नहीं जो आत्मा रेज।

सिर्फ ध्यान से इस अवस्था में ठहरना ही ब्राह्मणत्व ब्रह्म सेज।।

बचन

(९०)

शाश्वत तत्व चिन्तन

मैंने देखा एक जगह***

एक व्यक्ति अन्धा गूंगा और बहरा था।

वह बड़े आनन्द से मस्ती में नाच रहा था।।

तो इसका मतलब तो यही हुआ

सुख बाहर से तो आया

ही नहीं।

इसी प्रकार से प्रसन्नता भी भीतर का ही भाव है

कि नहीं।।

हाँ बाहर भी खुशी सुख प्रसन्नता है तो

मगर टिकाऊ नहीं।

जब तक दृश्य हैं, ध्वनि है, यानि विषय है,
 साधन उपलब्ध है,
तभी तक है
ये शाश्वत व चिर व थिर नही।।

लेकिन जो आनन्द का श्रोत भीतर से
झरता है
आता है।
वही सच्चिदानन्द है
स्थिर है,
 टिकाऊ है
पर बिकाऊ नहीं कहीं।।

कबीर भी कहते हैं कि****
*जिन खोजा, तीन पाईयां, गहरे पानी पैठ।
मैं बपुरा बूड़न डरा, रहा किनारे बैठ।।
बचन शाह

(९१)

सँसार और सत्य

संसार माने जिसका सार ही शून्य सत्र है।

संसार का प्रतिबिम्ब ही जीव का ये मन्त्र है।।

वहाँ तृप्ति, शान्ति, सुख कैसे मिले*बचन*

संसार *स्व* से स्वतःछिन्न भिन्न, परिच्छिन्न है।।

जो सतत हाथों से सरकता बदलता चला जाये

 उसे जगत दुनियाँ या दृश्य सँसार कहते हैं।

इस सँसार के अधिष्ठान अस्तित्व को *बचन*

आत्मा व्यापक चेतन सर्वसार परब्रह्म कहते हैं।।

चेतना सूर्य बिम्ब का प्रतिबिम्ब जग है।

प्रतिबिम्ब चित्तझील में डग मग पग है।।

सँसार चेतनसागर का झाग बुलबुला सा,

चेतनब्रह्म असितत्व आधार ही स्वर्ग है।।

अपनी धुन ही तो शाश्वत ध्वनि है।

सँसार तो तुम्हारी ही प्रतिध्वनि है।।

अपनी धुन-सुरति में मस्त रह कर,

जो सत्य ब्रह्म स्वरूप जान ले वही

 तो **ऋषि-मुनि*है।।

बचन

(९२)

ध्यान और कर्म

(१)

ऊंची उड़ान भरने वाले पक्षी

 को घमंड नही होता है

क्योंकि वह जानता है कि

आसमान में कहीं बैठने की जगह नही होती है।

ये बहुत ही सुंदर सच बात है।

बस एसई तो सत्य पाने की बात है।

जब जीवआत्मा होकर उड़ता है,

अनन्त चैतन्याकाश में,

फिर घमण्ड पूर्णतः ही खो जात है।

अन्य सभी विकार भी बिल बिलात हैं,

हिरात है।

केवल अद्वैत ब्रह्म ही रह जात है,

चहुँ ओर वही वही समझ आत है।

एकोहम ब्रह्म द्वितीयोनास्ति

बचन तभी समझ आ जात है।।

बचन शाह

(२)

जो प्याला प्यार के जाम से लबालब मुंह तक भरा होगा।

लाख छुपा चुरा के पियो जरूर ही छलक के गिरा होगा।।

बचन शाह

(३)

बद न बोलो किसी को न दुखाओ इस नीले आसमाँ के नीचे।

वही तेरे बोल लौट कर आएंगे बददुआ बन तैरे ही पीछे पीछे।।

अगर अच्छा बो सको तो बोओ करो अच्छा अच्छा ही यहाँ।

आज नहीं तो कल काटना पड़ेंगी निज कर्मों की फसलें यहाँ।।

बचन शाह

(९३)

भगवान

भ+ग+व+आ+न=भगवान

भ=भूमि

ग=गगन

व=वायु

आ=आग &

न=नीर

*थिति, जल, पावक, गगन, समीरा।

पंच(तत्व)रचित यह नश्वर शरीरा।।*

ये शरीर 'बचन'प्रकृति का अंग है।

अतः परिवर्तनशील, हो अंग भंग है।।

तनको चलाने वाली चेतना संग है।

शरीर मिटते ही चेतना होती तरंग है।।

वही तरंग हमारा जीवन विराट रंग है।।

मोह लगाव से दीन दुखी दरिद्र, दंग है।

इसे जानना, ही जीवन की जंग है।।

इसी को जानकर समझकर साक्षात हो

जाता महामृत्युंजय मंत्र है।

यही स्वयम्भू चेतना ही *महाकाल* है

करो जीवन में जानने का तंत्र है।।

बचन शाह

(९४)

सदविचार

वादा मत करो, वादा तो अक्सर टूटता सा नजर आता हैं।

कोशिशें करते रहो, तो कोशिशों का असर रँग लाता है।।

निष्काम अचाह सतकर्म करते रहो सदा सँसार में *बचन*

कामनाओं में फँस के तो जीव भव बन्ध में बंध जाता है।।

जैसे सु-बीज न बोओगे, तो खेत घास फूस से भर जाता है।

यूँ मन सदविचारों से न भरोगे, तो कुविचारों से भर जाता है।।

सूक्ष्म विचार ही सूक्ष्मकर्म होता, जो देह पर उतर हो जाता है।

फिर मनुष्य उस कर्म फल भोगने को बाध्य हो फँस जाता है।।

होशपूर्वक सर्व निष्काम कर्म करना ही सच्ची पूजा है *बचन*।

परायाजीव निज समान समझना ही होता दया धर्म प्रेम सृजन।।

भीतर के सात चेतन आनन्द को कभी न भूलना ही है भजन।
एक दिन दृश्य के सब सुख छूट जायेंगे, अतः कर सत चिन्तन।।

हर हाल में अपने मन को समझा लेने वाला ही बुद्धिमान है।
पंच शत्रु काम क्रोध मद लोभ अहम का मारक शक्तिमान है।।
खुद को खुश रख के कृष्ण सा सदा मुस्कराना सच्ची पूजा है,
जो औरों को भी हँसाये उसकी पूजा करता स्वयँ भगवान है।।
बचन

(९५)

शाश्वत-चिन्तन

हम तुम तुम हम और न कोई।

सच्चिदानन्द रस से डोलें दोई।।

नाम रूप सब ईश की लहरैं।

ज्यूँ चैतन्य सूर्य किरणे विहरैं।।

सर्वत्र इक़ चेतनाकाशवत अद्वैत।

दृश्य परिवर्तनशील नश्वर है द्वैत।।

द्वैत सदा जीवन दुख देके सतावै।

हरिशरण में लीन जीव तर जावै।।

बचन

जीवन का सब गणित एक दिन निश्चित फेल होता है।

हमारा अहम ही व्यर्थ है, सब हरि लीला खेल होता है।।

तो मीन सुखी वहीं जहाँ अथाहअगाध जल हो *बचन*,

सिर्फ हरि शरण सच्चिदानन्द रमण मुक्ति मेल होता है।।

*बचन**

(९६)

दंगा का कारण एक काव्य मय कथा*

एक बार एक राजा के राज्य में घोर दँगा हो गया।

खून की नदियाँ बहीं सभ्य आवरण नँगा हो गया।।

ठीक खुफिया जाँच जब दंगे की कराई गई *बचन*,

तो शहद की टपकी एक बूंद से सारा पंगा हो गया।।

दंगे का कारण राजा साहब स्वयँ ही शहद चाट रहे थे।

चाटते एक बूंद शहद टपकी, मक्खी कीट चाट रहे थे।।

कीटों को खाने छिपकलियां झपटी चहुँओर से *बचन*,

फिर छिपकलियों को खाने बिल्ली बिल्ले झपट रहे थे।।

बिल्लियों को काटने कुत्ते दौड़ पड़े, आपस में लड़ पड़े।

कुत्तों के लड़ने से कुत्तों के मालिक लाठी ले झगड़ पड़े।।

मालिक जब लड़े तो मालिको के मित्र झपट लड़े *बचन*

मित्रों में धर्मवाद भाव हिन्दू मुस्लिम धर्मयुद्ध लड़ पड़े।।

सभी खून खराबे का कारण जांच कर्ता यूँ बताने लगे।

कि राजा साहब आप सत्ता सुख का शहद चाटने लगे।।

चाटते चाटते बूँदें टपकाने लगे, तो चमचे झपटे *बचन*,

न आपके सत्ता सुख ज्यादा चाटने से ये दंगे होने लगे।।

बचन

(१७)

भटकी मानवता

क्यों इतनी अहम ऐंठ हवस नफरत करता है ये आदमी?

क्यों शान्ति प्रेम से अपना जीवन नहीं जीता है आदमी??

अगली साँस आयेगी या नहीं इसका कुछ भी पता नहीं,

बचन बात करते करते शरीर को छोड़ देता है आदमी।।

पल की खबर नहीं सामान सात पीढ़ियों को जोड़ता है आदमी।

यहाँ हरनश्वर देह की मृत्यु निश्चित है, ये खूब समझता है आदमी।।

फिर भी सुकून से न जीता है न औरों को जीने देता है आदमी।

सन्तोष से जियो व जीने दो, भाव से क्यों नहीं जीता है आदमी?

पशु सम स्वार्थी आप आप ही चरे का व्यवहार करे है आदमी।

मनुष्य वही जो मनुष्य के लिये मरे, यूँ क्यों नहीं जीता आदमी।

आपसी तकरार में धरती से डायनासौर युग समाप्त हो गया है,

आपसी तकरार करके उसी काल चक्र में फँस रहा है आदमी।

आदमी ने असुरत्व तज अगर देवत्व के गुण विकसित न किये।

पुनः देवासुर संग्राम की ओर बढ़ रहे, सभ्यता हनन सब किये।।

बचन *परहित सरिस धर्म नहीं भाई*दया धारण नहीं किये।

ख़ामोख़्वाह की सब छूट जाने वाली माया जोड़ने हेतु लड़े मुये।

अगर आदमी अपनी स्वार्थ हवस भरी मानसिकता नहीं छोड़ेगा।

जीनेकी जरूरतें पूर्ति भर न ले, अनावश्यक पर हक भी छीनेगा।

तो प्रकृति क्रूर दण्ड देगी आज की विमूढ़ मनुजता को तोड़ेगा।

आपसी युद्ध में ऐटम बम की कुल्हाड़ी अपने ही पैरों पे मारेगा।।

बचन

(९८)

सत्य को स्वयँ खोजना पड़ेगा

तभी भवसागर से जीव तरेगा

*****

गौर से सोचना चाहिए कि राम भी किसका ध्यान करते हैं।

कृष्ण भी जब ध्यान करते हैं तो किसी का ध्यान करते हैं।।

शिव भी हमेशा ही किसी के ध्यान में रमे समाधिस्त रहते हैं।

यानी सभी देवी देवता भी जिसका ध्यान नित करते रहते हैं।।

वही तो है जो *सत्य स्वरूप है शाश्वतचेतनब्रह्मकाश है*।

जीव लहर उसी चैतन्य प्रकाश का प्रतिबिंम्ब आभास है।।

लेकिन शरीर साकार है सगुन है।

सत्य निर्गुन का शरीर ये सगुन है।।

मोक्ष के लिए निर्गुण चिंतन की आवश्यकता है।

देह लहर सम सगुन, और निर्गुन सागर के यथा है।।

इसलिए तो महात्मा बुद्ध मध्यम मार्ग सिखला रहे थे।

क्योंकि सभी लोग सिर्फ आत्माआत्मा चिल्ला रहे थे।।

शरीर का कोई ध्यान बिलकुल नही देता था।

तो बुद्ध ने दोनो अतियों को खराब कहा था।।

शरीर रूपी बीणा के तार इतने न कसो की टूट ही जायँ।

इतने ढीले भी न छोड़ो सत संगीत के स्वर ही न आ पायँ।।

अतः मध्य में चलो ।

और

अत्त दीपो भव

स्वयँ दीप हो अपने सत्य की स्वयँ खोज करो।

और शून्य को महसूस कर निर्वान प्राप्त करो।।

अब उसे बुद्ध ने शून्य कहा, वेदान्त ने चिदब्रह्म,

बात एक ही है, ध्यान मार्ग से साक्षीचेतन बनो।।

सत्य ज्ञान की स्वरूप ध्यान से खोज करने से,

अद्वैत सत्यचेतनब्रह्म लक्ष्य मिले उसे जो कहो।।

गोरख नाथ भी अनुभव कहते हैं कि जब ध्यान करते हैं।

एकाग्रचित्त हो जब सहस्त्रागार चक्र में साक्षी हो देखते हैं।।

तो "बस्ती न शुन्यम शुन्यम न बस्ती, अगम अगोचर ऐसा।

गगन शिखर में बालक खेले ताको नाम धरहुगो कैसा??*

हंसे खेले न करै निज मन भंग।

ते निहिचल सदा नाथ के सँग।।

बचन शाह

एक रचना

मित्रता दिवस पर

*****

मित्र बनो तो कृष्ण सुदामा जैसे तुम मित्र बनो।

अहँकार भरके जीवन में दुनियाँ में न चित्र बनो।।

राम सुग्रीव सी मित्रता निभाना सीखना चाहिये,

सँसार में फूलों सा महक बिखर खुशबू इत्र बनो।।

कहीं अन्दर विष, कुम्भ के मुख पे दुग्ध जैसा कु-भेद तो नहीं है।

या फिर सोने के चमकते घड़े की पेंदी में गुप्त छेद तो नहीं है।।

बचन चमक दमक देख कर झाँसे में न फ़ँस जाना दोस्तो,

निज विस्वास कभी न खोना, सत चित कभी दिखता नहीं है।।

बचन

(१००)

गाँव को भी शहरी हवा लग गयी

देखो अब तो गाँव भी शहर जैसे स्वार्थी लगने लगे।

राजनैतिक पेंच दाँव के कहर गाँव में भी पगने लगे।।

अपने अपने मतलब में सब चालें ज़हरी चलने लगे।

खेतों में श्रम कोई करना न चाहे, शहर को भगने लगे।।

तालाब सूख गये, वन बाग उजड़ गये, वीरान दिखने लगे।

होरी धनिया भी प्यार भूल फिल्मी अंदाज में सजने लगे।।

अब गाँव जाओ, तो गाँव में गाँव के वो रँग न मिलने लगे।

बेला, जूही चमेली चम्पा गेंदा भी खेल छल के खेलने लगे।।

न दिखें कहीं डगर पनघट के रँग घर घर राजा नल पहुँच गये।

मरघट भी सुनसान न रहा, वहाँ फूलों के गुँचे खिल सज गये।।

घट घट छल कपट गली गली चुरकट टप्पेबाजी में लग गये।

सड़कें, पक्की पक्की बन गईं, गलियाँ पगडंडियाँ गायब भये।।

बचन

(१०१)

सत्य दृष्टि

तन को जानो खुद के असली स्वरूप को चेतन सूर्य ज्योति की जलती हुई दियाली है।

वरना जिस तन अहम की नाव में बैठे हो सच मानो बचन वो डूबने वाली है।।

चिदाकाश जीव प्रतिबिम्ब है सत्य चित आनन्द बिंब का ही, निश्चय कर समझो,

चिदाकाश माकाश शिवाकाश अद्वैतचेतनाकाश ब्रह्म शाश्वत साक्षी सत्ता आली है।।

बचनशाह

कुछ लगता है, कुछ दिखता है पे होता कुछ और है।

कर्म प्रकृति त्रिगुण करें, अदमो निज अहम में बोर है।।

निष्काम निमित्रमात्र बन कर्म करने में सच्चिदानन्द है,

*बचन*लीलावत जियो, मोह ही दुखों का घोर दौर है।।

सब जानते हैं, कि एक दिन निश्चित आखिर में सब छूट जाता है।

खास से खास अटूट रिश्ता खून का भी अन्तकाले टूट जाता है।

बर्खास्ती से तो बेहतर है कि स्तीफा अन्दर से दिए रहो *बचन*,

कर्म राम कृष्ण बुद्ध की तरह लीला हों, सत्यांकुर फूट आता है।।

बचनशाह

(१०२)

अहम-वहम दोनो से सदा बचें

अहम वहम दोनो से बचे, तो परमारथ पथ पाय।

अहम वहम में जीवों के जीवन भटक मर जाय।।

असली स्वारथ भी वही जो होय सत्य स्वरूपार्थ।

ब्रह्म स्वरूप के अर्थ में किये कर्म बनते परमार्थ।।

अरब खरब लौ द्रव्य हो उदय अस्त लौ होवै पास।

सब व्यर्थ जो निज मरण है, कहे वचन तुलसीदास।।

जबतक चेतन साक्षी ब्रह्म स्वरूप को अनुभव न होय।

तब तक मृत्यु भय नहीं जायेगा, मरै *बचन* रोय रोय।।

जिस पल हरि व्यापक सर्वत्र समाना सचमुच दर्शाय।

जीव ब्रह्म का भेद समूल नाशै, व्यापक कैसे मर जाय??

ऐसा ज्ञानी अहम रहित, जाकौ अहमब्रह्मास्मिवत शोध।

वो देह को वस्त्र सम ही तजे, जीते जी ब्रह्मलीन प्रबोध।।

बचन

(१०३)

मुक्तक रचनायें

जहाँ द्वैत-भेद तहाँ खेद ही खेद है कहै वेद अभेद सम्वाद।

सब उपनिषद, गीता, आदि शंकर भी सिखलाते अद्वैतवाद।।

यहाँ कुछ स्वार्थी तत्त्वों ने बढ़ा दिये कितने भेद वाद विवाद?

इसलिये दिन पर दिन बढ़े झगड़े, अवनति, अवसाद विषाद।।

बचन

बचन खुद को चिराग सदृश जलाये, कभी उजाले नहीं होते हैं।

चराग खुद के नीचे अँधेरा रखके भी औरों को रोशनी लुटाते हैं।।

खुद जल कर तप कर जीकर भी जो अभावों में भी परमार्थ करे

ऐसे लोग ही जगत में महापुरूषों के रूप में अवतरित होते हैं।।

बचन

हीरे मोती रब्न जवाहरात तो बहुत गहराई में होते हैं।

सतहों पर तो झाग बुलबुले लहर तमाशाई होते हैं।।

बचन शाश्वत चेंतन्य सूर्य सच्चिदानन्द देहातीत है,

देह, मन, बुद्धि, इद्रियाँ, सभी उसी से प्रकाशित होते हैं।।

बचन

क्या करेगा प्यार वो किसी भगवान को।

क्या करेगा प्यार वो किसी मेहमान को।

जन्म लेकर गोद में जो नारि की, *बचन*

प्यार कर न सका नारि के सम्मान को।।

बचन

आदमी के दिमाग मे सबसे ज्यादा विचारों की खुजली होती है।

विचारों को खुजलाते खुजलाते ही उसकी बुद्धि उजली होती है।

बंदरों को देखो उनकी हर हरकत में ही चंचलता होती *बचन*

पर इंसान का क्या कहना?सिर्फ दिमाग मे ही बिजली होती है।।

बचन शाह

(२०४)

सुख दुख की सच्ची परिभाषा

सुख-दुख क्या है, और क्यों होता है

सत्य समझो तो जीते जी मुक्त होता है

*****

ख माने आकाश होता जैसे खग यानि जोहोता आकाश गामी।

खगोल, आकाश गोल, खोज आकाश रहस्य ओज बहुआयामी।।

तो दुख के माने दो ख़ यानि एक चेतनाकाश द्वैत में बांटा।

असीम आकाश को सीमित कर दिया वही दुख बना काटा।।

सुख का मतलब इसी प्रकाश सर्व आकाश को स्व+ख जाना।

यानि सच्चा सुख स्व का आकाश विराट महसूस कर पहचाना।।

जितना आकाश हम स्व अपना माने उतने में महसूस करे सुख।

पर आकाश दो होते नहीं, तो कुछ दिनों बाद होने लगता है दुख।

जब अद्वैतचेतनब्रह्म आकाशप्रकाश प्रगटै हिय सो सच्चिदानन्द।

आकाशप्रकाश कभी मरता नहीं जो विदेह देह अक्षय चिदानन्द।

चिदानन्दमय देह तुम्हारी विगत विकार जान अधिकारी है सत्य।

तन मन दो किनारों के भीतर तत्वमसि वही चेतनसाक्षी है नित्य।

सत्याकाश चेतन प्रकाश के सिवा और सभी सुख बचन नश्वर।

ये ही परम सुख जीते जी पहचान लिया वही समझे सत्य ईश्वर।

बचन

(२०५)

न जात , न पांत

कोई किसी दूसरे का

कुछ नही बिगाड़ता है,

परम सत्य तो यही है

कि

खून ही खून को रोकता है।

जैसे रावण को बिभीषन ने,

हिरण्यकश्यप को प्रह्लाद ने,

राम को लवकुश ने, (अश्वमेघ यज्ञ में),

और घर घर मे पिता पुत्र से या भाई से ही हारता है।

इसमें कोई राज नीति की बात ही नही

यही परम् सत्य है

खून ही खून को रोक देता है

यदि चोट लग जाये तो

बहते खून को रोकने के लिए

पट्टी इत्यादि बांधना तो महज बहाना है ,

बस्तुतः तो खून ही थक्का बन कर जम कर

बहते खून को रोकता है।

यही प्रक्रति का नियम है।।

बचन शाह

(२०६)

गहरे स्वरूप में जीने के भाव पेश हैं**

जिसने खुद को न समझा किस मिट्टी से बने अब तक।

वो दूसरे को कैसे सही समझेंगे भला सही जो बुड़बक।।

हम न दूसरों के रिमोट से विचलित होने वाले हैं *बचन*

लहर होके जीने वाले गहराई सिन्धु की नापेंगे कब तक??
बचन

मनुष्यता तो नम्रता, दया, सत्य में गयी पंहचानी है।

ऐंठना अकड़ना तो मुर्दापन की घोर निशानी है।।

जीवन वही जो हवा से मुक्त हो जैसे बहे पानी है।

स्वभिमान (स्वरूप ज्ञान) रखना ही जिन्दगानी है।।

जाग के जी ले मनवा मोहनिशा की व्याधी में।

तन दीये में मन की जला चैतन्य जोत साधी में।।

तन मन दो तटों मध्य चेतनधार है जीवन बचन,

दो पल मुक्त होश से जीना तरना, जग आँधी में।।

बचन

तुम भी भूल जाओ उस दिखे दृश्य को चाहकर भी।

सिर्फ रूप ही न देखो, अपनी मन आहभर कर भी।।

छिपी चेतना से प्यार करो जो ब्रह्म का ही चेतनांश है,

जियो मस्त खुश आसक्ति रहित वाह वाह कर भी।।

बचन

(१०७)

सुख दुख की सच्ची परिभाषा

सुख-दुख क्या है, और क्यों होता है

सत्य समझो तो जीते जी मुक्त होता है

*****

ख माने आकाश होता जैसे खग यानि जोहोता आकाश गामी।

खगोल, आकाश गोल, खोज आकाश रहस्य ओज बहुआयामी।।

तो दुख के माने दो ख़ यानि एक चेतनाकाश द्वैत में बांटा।

असीम आकाश को सीमित कर दिया वही दुख बना काटा।।

सुख का मतलब इसी प्रकाश सर्व आकाश को स्व+ख जाना।

यानि सच्चा सुख स्व का आकाश विराट महसूस कर पहचाना।।

जितना आकाश हम स्व अपना माने उतने में महसूस करे सुख।

पर आकाश दो होते नहीं, तो कुछ दिनों बाद होने लगता है दुख।

जब अद्वैतचेतनब्रह्म आकाशप्रकाश प्रगटै हिय सो सच्चिदानन्द।

आकाशप्रकाश कभी मरता नहीं जो विदेह देह अक्षय चिदानन्द।

चिदानन्दमय देह तुम्हारी विगत विकार जान अधिकारी है सत्य।

तन मन दो किनारों के भीतर तत्वमसि वही चेतनसाक्षी है नित्य।

सत्याकाश चेतन प्रकाश के सिवा और सभी सुख बचन नश्वर।

ये ही परम सुख जीते जी पहचान लिया वही समझे सत्य ईश्वर।

बचन

(१०७)

मृत्यु भय से सिर्फ ब्रह्म ज्ञान की समझ ही बचा सकती है

ध्यान से समझो तुम्हारा स्वरूप ही अलख निरंजन है।

मृत्युन्जय चेतनाकाशवत विराट हो सब दुख भजन है।।

दुख सुख दोनो बचन मन की कामनाओं के जाल।

तन मन तो दो किनारे है, तुम चैतन्याकाश विशाल।।

तुम सच्चिदानन्द विदेह हो, नहीं इंद्री बुद्धि तन मन।

तन मन बुद्धि इद्रियाँ सभी के तुम प्रकाशक चेतन।।

ईश्वर का अंश जीव अविनाशी होता मरे नही चेतन।

देह खिलौने को हम छोड़ते, जिसे दुनियाँ कहे मरन।।

हम चैतन्य प्रकाश चिदानन्दमय देह कैसे मरे प्रकाश।

ब्रह्म ज्ञानी जीते जी मुक्त हुआ करते तज मोह आशा।।

मोह सकल व्याधियों की जड़ बस काटो मोह फांस।

मोह फांस के कटते ही हटे मिटे मृत्यु यमदेव का त्रास।।

बचन व्यष्टि चेतना ब्रह्माण्डीय चेतना से हो एकाकार।

सरित सिन्धु महामिलन को सरित मृत्यु लखै सँसार।।

जबकि सरिता का कुछ घाटा नही, पाती सागराकार।

सरिता यदि तटों का अहम न तजे तो हो दुक्खाकार।।

तुम मृत्युन्जय हो सदा ब्रह्म जो काल का भी महाकाल।

आवागमन नहीं सदा रहते, हो भरपूर आकाश विशाल।।

बचन

(१०८)

आँसू की गूढ़ भाषा

आँख के आँसू ही असली हीरा मोती हैं अगर कोई समझे।

दिल की तड़फ या आनन्द का तूफानहैं अगर कोई समझे।।

*बचन*जीते हैं उथले तल पर, तो गहरे भावों को न समझे।

दुनियाँ में संघर्ष होता कुछ हम न समझे, कुछ तुम न समझे।।

बचन

दिखावे बचना चाहिए

*****

जो भी मुद्दा सरेआम चौराहे पे उछाला जायेगा।

उसकी छीछालेदर हो, निकल दिवाला जायेगा।।

बेहया, बेवफा, बेशर्म बेनूर सब उजाला जायेगा।

सभ्य मर्यादा में ही पवित्र प्रेम सम्हाला जायेगा।।

बचन

सुख दुख दोनो मेहमान हैं

*****

सुख दुःख मन के जाल हैं, तुम चेतनसाक्षी निर्द्वन्द्व।

स्थिरप्रज्ञ हो धर धीर रहो तटस्थ लखौ सच्चिदानन्द।।

दृश्य सुख दुख के जो भी आते, सरिता से बह जायँ।

प्रकृति चञ्चल है बचन इक़ ठौर स्थिर रहती नायँ।।

युद्ध में जो शौर्य से जीतता उसे कहते हैं सब वीर।

जो मन इद्रियाँ भाव धीर संयम धरे वो होते महावीर।।

यही जिन्दगी की कठिन साधना जो साधे कोय कोय।

जो या विधि जीवन यापन करे सोई सच्चा साधू होय।।

बचन

(१०९)

एक रचना विभिन्न आयामों की पेश है***

मुच्छ ऐंठना, नयन तरेरना, उमग ठबक चलना घोर घमंड अहँकार की निशानी हमने जानी है।

जिसे जिस चीज का अभिमान होता, कृष्णमुरारी उसे उसी चीज से पिला देता मात पानी है।।

भोले पन में बसता भोला नम्रता में नारायण, समरसता में सत्य में ब्रह्मा सदा बसै कहते ज्ञानी है।।

बचन मिट्टी की क्षणभंगुर देह का गुरुर गुमान मूर्खता जो रेत की भीत सी पल में ढह जानी है।।

बचन

सर्व दृश्य मंज़र जिस्मों में अद्वैत चेतन ब्रह्म प्रकाश है समाया।

चैतन्य प्रकाश की तीव्रता एक्सरेज से भी तीव्र बनती न छाया।

सतत आर पार बाहर भीतर ऊपर नीचे सर्वत्र ब्रह्म जोत माया।

ध्यान अ-मन होश से निष्कामी कोई बिरला ब्रह्म समझ पाया।।

बचन

मन प्रगट का सँसार से, तन रचित प्रकृति पशु तत्व।

तन मन दै तटों के बीच चेतन धार जीवन असितत्व।।

रस गगन गुफा में अजर झरै, समझ परे जब ध्यान धरै,

चिदाभास चिदाकाश साक्षी होश लखै विराट ब्रह्मत्व।।

बचन

(११०)

समय का परिवर्तन

आदमी भी आजकल आदमियत से गिरता जा रहा है।

इसलिये बच्चों का बचपन, दिन दिन मरता जा रहा है।।

सब जो खुद न कर सके वो उम्मीदें बच्चों से लगाये,

खुद आदमी, बच्चों को खुद से दूर करता जा रहा है।।

चाहता है, बच्चा मेरा डॉक्टर इंजीनियर कलेक्टर हो,

इसी होड़ में उनसे उनका बचपन छिनता जा रहा है।।

बेटा बेटी पढ़ लिखकर विदेश से खूब कमा लायें पैसा,

बस पैसे ही पैसे की धुन में बुढापा नसाता जा रहा है।।

पढ़-लिख कर ज्ञान अर्जित कर तरक्की बेशक करो,

आज की पढ़ाई ढंग ज्ञान सदचरित्र गिराता जा रहा है।।

सहज ज़िन्दगी जीना छोड़, परिवार तोड़ कर *बचन*

अति विशिष्ट बनने के चक्रव्यूह में फँसता जा रहा है।।

बचन

गधा की परिभाषा

*****

गधा=ग से गम्भीर+धा से धार्मिक, कर्म के प्रति सदा वफादार।

सीधा सादा सरल हृदय छलछिद्र कपट रहित करता है प्यार।।

थके होने पर अपनी सुस्पष्ट वाणी से करता ढें चू का उच्चार।

बचन ऐसे ही सहज निश्छल प्राणी को गधा कहता है संसार।।

बचन

(१११)

जीवन साधना

धुवाँ धुवाँ हुई जिन्दगी तो निश्चित भीतर चैतन्य की तेजआग भी होगी।

धैर्य हौसलों से देखते रहो धुवाँ तो राग द्वेष के घन है, तू आकाशी वैरागी।।

तटस्थ रह देख होश से छूटनेवाली नश्वर चीजें न पकड़ बन सत्य योगी।

बचन हर राग के पीछे भागे तो भटकेगा बनेगा जीवन जगका रोगी।।

बचन

जब मन दर्पन निर्मल स्वच्छ पावन गंगा सा हो जाता है।

तब मन में चेंतन्य ब्रह्म आत्मा का अक्स उतर आता है।।

देहोहम जीवोहम भाव मिट अद्वैतचेतनब्रह्म प्रगट होता है।

देह रहते जीवन विराट कृष्ण होकर मुक्ति पा तर जाता है।।

बचन

ममता ममता (मेरा पना) छोड़ दे, अहंता मिटते ही मिलते श्याम।

श्यामाकाश चेतनसाक्षी ब्रह्माण्ड है, जो बसुधैवकुटुम्बकम तमाम।

ज्यों सुरति की धारा बहते बहते खुद को भूल राधा बन जाती है,

बिना अहंता ममता के कृष्ण की वँशी बनके पाती सत्य ललाम।।

बचन

जब कुछ कर सकने लायक न हों, तो उस वक्त कुछ भी न करें, सिर्फ देखा करें।

तटस्थ रह साक्षीब्रह्म भाव पैदा करें, उसी से सब हुआ है ऐसा सोचा देखा करे।।

अर्जुन जब किंकर्व्यविमूढ हुआ, तो कृष्ण ने सारथी बन मार्ग दर्शन किया, *बचन*,

यूँ ही तुम्हारे भीतर का चेतनसाक्षी कृष्ण तुम्हारा पथ प्रशस्त करता समझा करें।।

बचन

(११२)

जीवन चैतन्यम शाश्वत है

बच्चों के खिलौनों की तरह नश्वर चीजों से ही खेल रहे हम।

खिलौनों के टूटने पर बच्चों की तरह रोके गम झेल रहे हम।।

बचन काश अपने सत चैतन्य स्वरूप को पहचानते, हम।

ये मेरा तेरा सब छूट जाता, अद्वैत चेतन ब्रह्म स्वै फैल रहे हम।।

सर्व दृश्य मंज़र नजारे सूर्य चाँद तारे मझमें ही अध्यस्त हैं।

दृष्टा दृष्टि दर्शन की त्रिपुटी परिच्छिन्नता मझमें अभ्यस्त है।।

सर्वत्र मैं ही मैं स्फुरता, झरता मरता, स्वरूप अधिष्ठानवत है।

चेतनआकाशप्रकाश क्षीरसागरवत मेरा आपा विष्णुवत है।।

कृष्ण ने यही कहा कि समस्त ब्रह्माण्ड मुझमें ही व्याप्त हैं।

मम स्वरूप सर्वत्र अक्षय अव्यय अपरिमित विराट उद्दीप्त है।।

मोह लगाव मेरे तेरेपन से छुद्रताओं में बन्ध दुख संतप्त है।

मुक्तावस्था में अ-मन अ-काल जीवन शिव अस्तित्व मस्त है।।

बचन

चैतनयोहम शिवोहम

*****

लहर नाम में गुमनाम अस्तित्व सागर नाम छिपा सा दिखा है।

जैसे घड़े, सुराही, ईंट, ढेला सब रुपों में मिट्टी अरूप दिखा है।।

यूँ ही सब दृश्य मंजरों में अद्वैतचेतनब्रह्म प्रकाश ही छिपा है।

मुझ चेतनसाक्षी से ही तो यह जग सम्पूर्ण ब्रह्माण्ड दिखा है।।

इधर ये है तो यहाँ हम है, उधर वो है तो वहाँ भी हम है।

नरक है तो वहाँ भी हम होंगे, स्वर्ग है, तो वहाँ भी हम है।।

जहाँ जहाँ तक है चैतन्य मन की चेतनाकाशवत हम है।

देहोहम नहीं, शिवोहम हूँ, जहाँ भी होंगे शिवोहम हम हैं।।

बचन

(११३)

नया-भक्ति-पद

राम ही नाम सत्य है, ये बात समझ ले जिन्दा पै।

जहाँ में देखो नजर डार के, सब लगे हैं निज निज धन्धा पै।

जीवन भर सब हाथ मारवै, पर होवै बने न कछु वन्दा पै।।

बाहर के कोऊ बचा न पावै, चढ़के चलना पड़ै रे कन्धा पै।

अबहुँ तो जा चेत मन मेरे, काहे फँसो रे माया के फ़न्दा पै।।

व्यापक एक सर्वत्र राम रमो है, जा मत कोऊ की निन्दा पै।

सब जग को कर्ता भर्ता वही है, करो गुरुर न तन तन्द्रा पै।।

जैसे चाँदनी आभासित, सूरज से ज्योति न खुद की चन्दा पै।

वैसई*बचन*तन में तुम्हारे जीवन चेतन सत चित अनन्दा पै।।

बचन

(११४)

सँस्कार परिवर्तन

(!)

अब आजकल दीया नहीं वल्व रोशनी देने लगे हैं।

अन्धेरे भी अब दीयेके नीचे नहीं, ऊपर होने लगे हैं।।

गये वो जमाने जब दीये के तले होते थे अन्धेरे*बचन*,

वल्वो के नीचे दामन में चमक चकाचौंध होने लगे हैं।।

मैं अरु मोर तोर तें यही सब तो माया के रूप होते हैं।

फिर भी मेरे-मेरे भाव में ही दोस्त-रिश्ते अनुरूप होते हैं।

 कौन बनाता है किसी को अपना बिना स्वार्थ के*बचन*,

व्यापकता त्याग, संकीर्णता में अधिकांश जन जीने लगे हैं।।

बचन

(२)

कुछ लोगों की चिन्ता, इस सोच से ही अति बढ़ बढ जाय।

कि हिन्दुस्तान-इण्डिया के पचड़े में *भारत* टांग अड़ाय।

कुरसी कुरसी जिसे कहैं, वही लगत अब कु-रसी नीरस।

स्वार्थवाद लालच लत में, सब बोये जा रहे चरस हँस हँस।।

प्रेम सत्य अहिंसा त्याग कर, नफरत फैलाने के हो रहे कर्म।

सत्य धर्म न्याय को भूलके, अपनायें झूँठ धर्म पाखण्ड मर्म।।

अजब गजब मनमाने सोच का अब हो गया जन गण मन।

दुनियाँ बाबरी हो गयी *बचन*, नफरत घृणा बढ़े दिन-दिन।।

मानवता को नाश कर मानव, मन में जन्मा स्वार्थी दानव राज।

बचन स्वार्थ हवस की होड़ में दिया, निमन्त्रण युद्ध को आज।।

*बचन

(११५)

अति कामना ही सत्य जीवन की घोर दुश्मन है***

कामना की कामना तो कामना काम तृप्ति न पाय।

कामना में जीवन सत्य चेतन सुकून अमन हिराय।।

कामना ऐती कीजिये, दैहिक जीवन परिवार पलाय।

अति कामना में भलाई नहीं, जोड़ मरै भोग न पाय।।

कामना डायन अघोर है, नश्वर जाल फन्द फँसाय।

बचन सच्चिदानन्द ते दूर करै जीवन देय नसाय।।

कामना काल की क्रूर कामिनी करै क्लेश कष्ट।

नीच नाच नचा नचा नागिन निर्मलता नाशै नष्ट।।

लोभ लालच लालसा ललक लिप्तता ललचाय।

कामना काम काम कसाय के क्रूर कर्म करवाय।

किलकिलाती कराल कामना कराती क्रूर कृतत्व।

कामना कंचन, काल का कौर करै भुला कृष्णत्व।।

साधु सँग सतसंग से समझिए सत्य चित आनन्द।

बिन सत्संग भजन सुमिरन मिटै न काल के द्वन्द्व।।

कामना में मन सदा न रमा, यह बैरिन नहीं अघाय।

अचाह निष्काम ह्वै के देख जरा, हिया ब्रह्म प्रगटाय।।

बहुकाल करिये सत्संग तो, हटें काम भ्रम समुदाय।

कामना तज, हरि भजो, दूजा नही कोई और उपाय।।

बचन

(११६)

वेदान्त-उपनिषदीय ज्ञान की झलक

गौर गौर से देखिये, और और को नहीं कहीं है ठौर।

ठौर ठौर लख गौर से, चितवै सबमें चैतन चितचोर।।१।।

दौर दौर दर दर दर्शन को दौड़त दुर्बल ह्वै दिन-रैन।

स्थिरप्रज्ञ हो देखे नहीं, निजात्मा चेतनसाक्षी त्रिनैंन।।२।।

जग लम्बा सपना सम *बचन* मोहनिशा में सोय।

चैतन्य स्वरूप में जगत न, नश्वर जग में सत खोय।।३।।

मोह तन्द्रा भंग होयगी, बचन औचक आवै जब यम।

तब रो रो पछितायगो, तो भज ले अबहीं गो-विन-दम।।४।।

भज गोविन्दम भज गोविन्दम, गोविन्दम मूढ़मते भज।

वरना यम पाश से न बचेगा, अतः भीतर से सब तज।।५।।

आया है सो जायेगा, यह हैं अज्ञानी जनों की सब बात।

कहीं आना जाना नहीं, चैतन्यप्रकाश साक्षी सदा रहात।।६।।

जीना यहाँ मरना यहाँ, देह के लिये सब जग करै गान।

प्राण देह से जुदा हों, तो संयोग टूटत तन तन्त्र विधान।।७।

तुम चैतन्याकाश विराट, सर्वाधिष्ठानवत प्रकाश शेष।

तुम, अजर अमर आत्मप्रकाश सदा अस्तित्व अशेष।।८।।

मोह लगाव आसक्ति के कारण बचन सकल क्लेश।

मोह, न हो तो तुम ही मोहन हो, वँशीधर अखिलेश।।९।।

बचन

(११७)

वर्तमान ही जीवन है

जो पल सामने वर्तमान में है,

वही बस समग्रता से जीने वाला है।।

उसी में सम्पूर्ण शक्ति के साथ

भरपूर आनन्द से जीना है।

भूत की याद कर या

भविष्य के ख्वाब देख

मौजूद पल को

नही खोना है।।

आगे पीछे तो महज

कल्पना व

जल्पना है,

सिर्फ रोना ही

रोना है।

जो जीना वर्तमान में सीख गया

, उसके लिए जीवन एक नाटक

एक खिलौना है।।

यानि जीवन आनन्द है।

बचन शाह

(११८)

आदमी

भोले बेरंगो पर खूब निज रंग जमाता है आदमी।

कुछेक अन्धों में काना राजा बन जाता है आदमी।।

भले खुद आर-पार का जानकार पारंगत न हो,

वहम के अहम का भी रुआब जमाता है आदमी।।

सुबह और कुछ है, दोपहर तक मन कुछ और है,

शाम होते होते पचहत्तर टुकड़ों में बंटता है आदमी।।

जितना सह सको दोस्त उतना तुम ऐतबार करना,

भीतर सन्तरे की फाँकों सा अनेक होता है आदमी।।

जब अपनी देह की साँसों का ही भरोसा नहीं है, दोस्त,

तो औरों के झाँसे में न जाने क्यों आता है आदमी??

एक बार ध्यान से अगर खुद को ठीक से समझ ले,

खुद कैसे है बना, तो दुनियाँ समझ लेता है आदमी।।

कितने निश्छल भोले भले तो यह परिन्दे लगते हैं,

जो प्यार से जीते हैं, नफ़रतें क्यों पालता है आदमी??

अपने मन में सोच सोच सोचते ही न रहो *बचन*,

गीत गाते चलो वरना घुट कर मर जाता है आदमी।।

बचनशाह

(११९)

सुखों का झरना भीतर ही है

बाहर कहीं न मिल सकेंगे अन्तरमनप्रश्नो के कोई भी जबाब।

भीतर के विराट चैतन्य में डूब जाओ, प्रश्न हल होगा जनाब।।

हर असम्भव का सम्भव जहाँ होता चेतन कल्पवृक्ष में *बचन*,

वहीं पहुँच कर लिखी गयी हर ग्रंथ सत्य हिसाब की किताब।।

बचन

जेहि को जेहि पर सत्य सनेहू।

सो तिन्हें मिले, न कछु सन्देहू।।

तुलसीदास

सच्चे प्रेम के आगे आसमाँ भी नम झुक जाता है।

दुनियाँ उड़ जाती जब इश्क का तूफान चलता है।।

सच्चा इश्क ही तो सच्ची पूजा इबादत है *बचन*

खुश रह के जो खुशियाँ बांटे उसे ईश्वर पूजता है।।

बचन

ज़िन्दगी तो असीम चेतन अस्तित्व है, किसी सीमा में कभी भी सिमट
सकती नहीं।

वो तो कोई ख्वाहिश कामना ही रही होगी, जो कफ़न या चिता के
दायरे में सिमट गई।।

बचन

(१२०)

जीवन योग मय है

धुवाँ धुवाँ हुई जिन्दगी तो निश्चित भीतर चैतन्य की तेजआग भी होगी।

धैर्य हौसलों से देखते रहो धुवाँ तो राग द्वेष के घन है, तू आकाशी वैरागी।।

तटस्थ रह देख होश से छूटनेवाली नश्वर चीजें न पकड़ बन सत्य योगी।

बचन हर राग के पीछे भागे तो भटकेगा बनेगा जीवन जग का रोगी।।

बचन

जब मन दर्पन निर्मल स्वच्छ पावन गङ्गा सा हो जाता है।

तब मन में चेंतन्य ब्रह्म आत्मा का अक्स उतर आता है।।

देहोहम जीवोहम भाव मिट अद्वैतचेतनब्रह्म प्रगट होता है।

देह रहते जीवन विराट कृष्ण होकर मुक्ति पा तर जाता है।।

बचन

ममता ममता (मेरा पना) छोड़ दे, अहंता मिटते ही मिलते श्याम।

श्यामाकाश चेतनसाक्षी ब्रह्माण्ड है, जो बसुधैवकुटुम्बकमतमाम।

ज्यों सुरति की धारा बहते बहते खुद को भूल राधा बन जाती है,

बिना अहंता ममता के कृष्ण की वँशी बनके पाती सत्यललाम।।

बचन

जब कुछ कर सकने लायक न हों, तो उस वक्त कुछ भी न करें, सिर्फ देखा करें।

तटस्थ रह साक्षीब्रह्म भाव पैदा करें, उसी से सब हुआ है ऐसा सोचा देखा करे।।

अर्जुन जब किंकर्व्यविमूढ हुआ, तो कृष्ण ने सारथी बन मार्ग दर्शन किया, *बचन*,

यूँ ही तुम्हारे भीतर का चेतनसाक्षी कृष्ण तुम्हारा पथ प्रशस्त करता समझा करें।।

बचन

(१२१)

जीवन सतत व शाश्वत है

मृत्यु शरीर की होती है, इसमे छिपे चेतन स्पेस शून्य की नही।

चेतन स्पेस शून्य व्यापकता में जियो वो कालातीत है कि नहीं।।

जैसे सागर की लहर मरती है, सागर का पानी कभी मरे नही।

घड़े का आकार मिटता है उसमें रहती मिट्टी कभी मरती नहीं।।

बिजली के उपकरण फूंकते हैं, किन्तु विद्युत ऊर्जा मरती नहीं।

तत्व दृष्टि को बुद्धि स्तर से समझोगे तो जानोगे तुम मरते नहीं।।

रूप आकार शरीर के तल पर जिओगे तो जरूर मर जाओगे।

कोई भी पदार्थ पूर्णता नहीं मिटता, रूप बदलता है ये जानोगे।।

पानी वर्फ़, भाप, वादळ में बदल कर फिर पानी में बदलता है।।

यूँ ही तो हर पदार्थ विभिन्न रूपों में बदलते हुये ऊर्जा होता है।।

बचन

(१२२)

बचन दैहिक ज़िन्दगी एक सफर ही है

मंज़िल कोअहम से शिवोहम होना ही है

*****

जब तक *को-अहम* से शिवोहम की यात्रा पूरी नहीं होगी।

तब तक त्रिशंकु सा लटकता है, जीवन मंज़िल पता न होगी।।

सुर दुर्लभ मनुष्य देह पाकर हरि *सत्य* चेतनाकाश खोज लो,

*बचन*तन मनइद्रियाँबुद्धि साधन से *मंज़िलविराटचेतनाकाश*

सर्वाधिष्ठानवत मृत्युन्जय स्वरूप पाना जानना समझना होगी।।

पृथ्वी यान पर घर कम्पार्टमेंट में देह बर्थ का रिजर्वेसन है अभी, सतत

अन्तरिक्ष में यात्रा चल रही, आकाशवत चेतनसाक्षी स्वयँ का आपा

पहचान जान लो मंजिल चेतन आकाश ही होगी।।

यात्रा पूरी कर शिवोहम मंजिल पा ली तो देह बर्थ छोड़ने में खुशी होगी।

अन्यथा बिना मंजिल पाये, देह बर्थ छुडाई गयी तो दुख घड़ी होगी।।

बचन